U0112495

历史的天空下

宋代真实的市井生活

赵帅 宋佳旻 著

中原出版传媒集团
中原传媒股份公司

大象出版社
·郑州·

图书在版编目（CIP）数据

历史的天空下：宋代真实的市井生活／赵帅，宋佳
旻著.—郑州：大象出版社，2022.8（2023.4重印）
ISBN 978-7-5711-1504-3

Ⅰ.①历… Ⅱ.①赵…②宋… Ⅲ.①城市-社会生
活-历史-中国-宋代 Ⅳ.①D691.9

中国版本图书馆 CIP 数据核字（2022）第 114341 号

LISHI DE TIANKONG XIA

历史的天空下

宋代真实的市井生活

赵 帅 宋佳旻 著

出 版 人	汪林中
选题策划	读史新元素
责任编辑	杨 兰
责任校对	牛志远
装帧设计	王莉娟
组稿支持	华文未来
责任印制	郭 锋

出版发行 **大象出版社**（郑州市郑东新区祥盛街 27 号 邮政编码 450016）
发行科 0371-63863551 总编室 0371-65597936

网 址 www.daxiang.cn
印 刷 北京汇林印务有限公司
经 销 各地新华书店经销
开 本 890 mm×1240 mm 1/32
印 张 8.75
字 数 249 千字
版 次 2022 年 8 月第 1 版 2023 年 4 月第 2 次印刷
定 价 56.00 元
若发现印、装质量问题，影响阅读，请与承印厂联系调换。
印厂地址 北京市大兴区黄村镇南六环磁各庄立交桥南 200 米（中轴路东侧）
邮政编码 102600 电话 010-61264834

序

与其他朝代相比，宋朝无疑是最让人魂牵梦萦的那一个。不管是坐在办公室格子间幻想下一次度假地点的加班族，还是期待早日财富自由、说走就走的"文青"族，如果可以自由选择一片天空下的生活，宋朝必然会是他们心心念念的一瞥风景。

对于大部分人而言，更偏向于从宏观角度关注历史，比如某个时期的改朝换代，帝国皇权的兴衰更迭，以及在这些进程中重要的历史人物和事件，这些全局性的历史进程让大家可以更快地了解一个朝代乃至一片土地在漫长的历史中所发生的一切。对于那些局部性的历史，比如寻常百姓在某个时期的日常生活，在吃穿用度中所经历的喜怒哀乐，这些"小历史"却很少出现在教科书里，似乎不足为外人道也。即使是教科书中浓墨重彩的重要历史人物，大家所了解的也大多是他们的人生框架，我们可以知道这些历史人物的生卒年月和人生重要事件，却鲜有人了解他喜欢吃什么菜肴，又发生过什么糗事，更别提藏匿于历史画卷背后的寻常小人物，他们存在的痕迹早已被历史的长河冲刷得面目模糊。

之所以发生这一切，是由于有限的时间只允许我们关注大历史范畴，而大历史呈现的面貌是粗犷而不拘小节的，它可以让我们在更短时间内了解历史的全貌概要，但也让人略微感受到一丝历史的枯燥和遥远。

而在整个宋朝的历史中，除了皇帝、大臣，还涌现出了形形色色的各种人物，我们可能无法从大部头的史书中体会到他们作为时代参与者的温度，也体察不到他们的悲欢离合，感受不到他们的喜怒哀乐，但正是这些普通人的喜怒哀乐构成了整个大宋的浪漫。

如果你看多了历朝历代波澜壮阔的史卷，不妨放下身段来到普通百姓之中，看看他们在宋代是如何创造历史的，不妨放肆地在脑海中构思一下自己作为一个宋朝的小市民会是什么样子。如果你连这个放肆的时间都没有，那你可能更没有时间去翻阅《东京梦华录》《梦粱录》《续资治通鉴长编》《武林旧事》《宋会要辑稿》这些故纸堆了，且让我代劳，把宋朝那些细碎而别有生趣的故事讲给你听。

人民是历史的创造者，历史的真相也藏在人民群众的市井生活中，这些市井生活中的柴米油盐是曾经真实存在的，它们作为一个轰轰烈烈的大时代所遮掩的边边角角，理应获得更多人的关注。

因此，在本书中，我并没有把所有的关注点放在名人事迹上，而是把目光放了普通人的市井生活中，那些长期被大历史忽略的市井生活，让我们可以看到一个更加生动活泼的小时代，这个小时代里的居民让整个宋朝的历史变得更加温暖起来，你可以把它们作为正餐开始之前的开胃菜，也可以当作茶余饭后的小甜点，正是这些前菜和甜点让桌上的大鱼大肉不至于那么了无生趣。

历史往往是由细节所驱动的，这些日常的细节也可以从平铺直叙的史书中再次复活，带着它们具有明显时代特征的音容笑貌来到我们面前，让那个风度翩翩的宋朝更加鲜活，让我们和它们回到同一片天空之下，重新认识那个绚烂夺目的宋朝。

目 录

第一章

房价是会呼吸的痛，它活在每个宋朝人身上

014 房价
在"宇宙的中心"开封买套房子，
要不吃不喝攒 100 年？

023 租房市场
官员租什么样的豪宅？
大抵都逃不过心酸的命运

032 公租房
还有这等好事？
房东经常减房租，甚至还能免房租

037 房屋拆迁
房屋拆迁秒变"拆二代"？
抱歉，没有这种好事

第二章

干饭人干饭魂，在宋朝干饭是种什么样的体验？

046 下馆子
有路边摊还有大酒楼

055 荤菜
羊肉吃不起，牛肉吃不到，
鸡鸭猪肉管您饱

065 素食
边吃边减肥不是梦

075 饮酒
宋代黄酒 vs 现代白酒，
你会选择谁？

第三章

宋朝时尚博主速成攻略，引无数男子竞折腰

086　面妆　　　　　　　　粉底、面霜怎么买？
　　　　　　　　　　　　由内到外打造汴京城万人迷

093　额黄、花钿、斜红　　这些化妆技法，
　　　　　　　　　　　　如今是真的很难看到了

101　香料　　　　　　　　未见其人先闻其香

第四章

随风奔跑自由是方向，坐着我心爱的小马车

110　车和檐子　　　　　　皇帝出行要十几辆豪车，
　　　　　　　　　　　　老百姓出门只能坐竹竿

115　南北出行差异　　　　北方人不坐轿子，南方人不骑马，
　　　　　　　　　　　　逛街也能逛出优越感

122　交通工具租赁　　　　出门没有出租车，莫慌，
　　　　　　　　　　　　租不起车可以租头牛

128　出行风格演变　　　　如果不是皇帝败家，
　　　　　　　　　　　　那满大街都是香车宝马了

第五章

不用"996"的年代，休闲时光都能做什么？

138　娱乐场所　　　去瓦舍勾栏听个小曲、看个戏，
　　　　　　　　　　要啥 LiveHouse

146　踢球　　　　　超国民待遇：
　　　　　　　　　　蹴鞠踢得好，官位跑不了

153　夜市　　　　　熬夜达人幸福感爆棚的年代，
　　　　　　　　　　睡什么睡，起来"high"

第六章

老百姓在乎大国崛起，也在乎小民尊严

164　小报　　　　　在宋朝玩"自媒体"，
　　　　　　　　　　皇帝都拿你没辙

172　簪花和刺青　　戴花不是女孩子的特权，
　　　　　　　　　　刺个大花臂才敢自称"社会人"

186　旅游　　　　　在路上

204　养老制度　　　六十岁退休直接领养老金，
　　　　　　　　　　"打工人"，加油！

212　洗漱如厕　　　没有抽水马桶的日子里，
　　　　　　　　　　大粪都成了抢手货

第七章
大宋的文官，幸福感满满

222 上班　　　　　上班尽管直言上谏，
　　　　　　　　不用担心掉脑袋

232 宋词　　　　　下班酒楼一坐，
　　　　　　　　留下千古名作

244 饮茶　　　　　喝个茶还要比赛，
　　　　　　　　宋朝人的好胜心也太强了

第八章
宋朝引领民俗潮流

254 家族关系　　　在外听领导的，在内听族长的，
　　　　　　　　谁家心里都有谱

261 过年　　　　　好吃不如饺子，好玩不如二踢脚，
　　　　　　　　年味不靠春晚撑着

266 元宵节　　　　一袭白衣一点都不丧，
　　　　　　　　反而最时尚

272 端午节　　　　开启南北粽子的甜咸之争

第一章

房价是会呼吸的痛，它活在每个宋朝人身上

在"宇宙的中心"开封买套房子，要不吃不喝攒 100 年？

按照马斯洛需求层次理论，想要在宋朝开开心心，基本的生理需求还是要满足的，吃饱穿暖，出门有车，回家有房……毕竟只要有钱有闲，吃吃喝喝谁不会啊？要做这条街上最靓的仔，就得有潮牌的衣服、几百平方米的别墅、最新款的跑车……

放在今天，想在首都穿美美的衣服，开酷酷的跑车，只要拼得起"996"，干得了"大小周"，勉勉强强也能做得到，但是想要住大别墅，就算你年薪百万，也要掂量一下自己实力够不够，因为几百万可能连别墅首付都不够。

可能您看到这章的题目会想：宋朝房价再贵，能贵得过现在的北京、上海、深圳吗？

然而真实的历史中，说起房地产市场最活跃的时代，两宋可以说是轻松秒杀大部分朝代的。

历朝历代的京城都是居不易，跟过往的朝代相比，宋代商品经济更加发达，城市化建设也更加迅速。跟今天一样，人们发迹后都往一线城市挤，说得具体一点，读书人不管是参加科举，还是中了科举，在北宋时那肯定是要去汴京（今河南开封）的。

> 士大夫发迹垄亩，贵为公卿，谓父祖旧庐为不可居，
>
> 而更新其宅者多矣……自村疃而迁于邑，自邑而迁于郡者

亦多矣。

——〔宋〕洪迈《容斋续笔》卷十六

到了开封这种国际大都市，很多人自然而然就想成家立业，解决住房问题和吃饭问题，不管买房还是租房，都会给房地产市场带来勃勃生机。

开封的人口密度妥妥地秒杀一线大都市

北宋后期，汴京市区的人口密度约为 12500 人／平方千米。到南宋的时候，当时的首都临安府（今浙江杭州）下辖仁和县和钱塘县，城区加上郊区的人口约 70 万，其中城市人口 32 万，城区面积约 13.3 平方千米，淳祐年间（1241—1252），人口密度约为 21000 人／平方千米，咸淳年间（1265—1274），人口密度甚至可达 35000 人／平方千米。

北京市第七次全国人口普查主要数据显示，2020年末，北京常住人口约2189.3万，市区面积为16410平方千米，人口密度约为1334人／平方千米，以西城区为例，常住人口约110.62万，面积为50.7平方千米，人口密度约为21818人／平方千米。同期纽约、伦敦、巴黎、香港的人口密度大致在8500人／平方千米以下，日本东京与我国广州市区的人口密度为13000人／平方千米。

换言之，宋朝的人口密度接近或已经超过了今天的国际一线城市。这个时候，再想想之前大别墅的事情，就趁早别痴心妄想了吧。

太夸张，开封的豪宅有上千间房

人口多了，房价自然也就贵了，在北宋初期的时候，开封的一套豪宅少说也要上万贯，普通人家的住房也在上千贯；到了北宋末年，一套豪宅的价格可以狂涨至数10万贯，折算成当今的人民币，少说也得5000万元以上。

> 重城之中，双阙之下，尺地寸土，与金同价……非勋戚世家，居无隙地。
>
> ——〔宋〕王禹偁《李氏园亭记》

这句话的意思就是说，当时的开封已经到了寸土寸金的地步，如果不是家底儿厚，连居住的地方都没有。

放在现在来说，想在北京三环以内买套房子可能不靠谱，但在四环外付个首付，或许还是可以凑一凑的。拿网友调侃的话来说，北京多得是"人均985，年薪百万起"的人，如果按照这个标准，就算是一套1000万元的房子，不吃不喝10年也就拿到手了，如果小两口都是这个标准，5年就可以住上千万级的豪宅了。这个速度对于现在的"打工人"来说，已经算是够快的了，但对于宋朝的"打工人"而言，买一套住宅可能不吃不喝10年也不够。

> 庚午，赐贾似道第宅于集芳园，给缗钱百万，就建家庙。
>
> ——〔元〕脱脱等《宋史·理宗五》

在宋朝，说起最贵的房子，要数权臣贾似道在临安的房子了，光造价就花了100万贯，属于豪宅中的豪宅了。可以说，除皇宫之外，天底下像这样的豪宅也不会有几座了。这哪里是住宅，简直是开发商给自家盖的房子嘛。

贾似道的这套房有上千间房，住了几百口人，一家老小外加干活的下人都实现了居者有其屋。别人买一栋房子，贾似道盖一个小区，这比当时的皇亲国戚还要豪横。

宋朝开国皇帝赵匡胤在登基之后，为南唐的李煜、吴越的钱俶等亡国之君建造了一大批宅子，称为"礼贤宅"。说白了，给宅子起这么个名字，他就是怕这些丢了王位的前代君王有非分之想。这些宅子虽然是为李煜、钱俶等人建造的，但还需要这些人自己买单。

赵匡胤给吴越来使描绘的前景很美好：精装房已经建好，随时拎包入住！至于买房子的钱嘛，自己想办法吧。

为了换来在汴京的居住权，钱俶下足了血本。他被封为邓王之后的王府价钱大概是5万贯，折合现在的人民币，大概是2000

多万元。

开国皇帝果然打得一手好算盘，创业不易，第一桶金却赚得理直气壮。

再看看上文提到的贾似道，就知道什么叫天下数一数二的豪宅了。

当然了，像贾似道这样的权臣，一般的大臣是比不了的，普通的朝廷官员在开封的购房压力还是挺大的。

一般的高级官员想在开封拥有一套气派的豪宅至少要花 1 万贯以上，折算成人民币至少 500 万元左右；而中级官员和低级官员想拥有一套豪宅，就全靠运气或者军功了。

> 太平兴国初，迁引进使，为晋州都钤辖。太原骁将杨业率众寇洪洞县，钦祚击败之，斩首千余级，获马数百。
>
> 太宗赐钦祚白金五千两，令市宅。
>
> ——〔元〕脱脱等《宋史·田钦祚传》

宋朝初年，杨业还在为北汉效力。他带兵攻打洪洞县的时候，北宋一名叫田钦祚的官员扛住了杨业的进攻，当时的皇帝直接赏赐田钦祚白银五千两，让他买房子，这种靠军功换房子的事情，还是比较靠谱的。

但随着战事逐渐消停下来，普通人获得军功的机会渺茫，下级官员靠俸禄，可能只能买得起普通住宅了。

一线城市不值得，我要回老家

我们再来看看宋朝开封的普通住宅多少钱。

现在一线城市不同区域的房价相差甚远，北京三环以内的老、破、小房屋每平方米10万元人民币起，但远郊地区的房价起码能打个五折，这就是地段的威力所在。在宋朝，开封不同地段的房价也相差很多。

举个例子，李焘在《续资治通鉴长编》中记载了一个房屋买卖的案例，开封有一个无赖叫崔白，想强买邻居梁文尉的房子，用各种手段逼迫梁文尉卖房，梁家要的价钱是"钱百三十万"。

> 开封民崔白，家京城，素无赖，凌胁群小，取财以致富。先有满子路者，强狠任侠，名闻都下，赵谏以豪横伏法。白尝谓人曰："满子路，吾之流辈也。赵谏，吾门人耳。余不足算也。"白与梁文尉邻居，欲强买其舍，文尉未之许，屡加诟辱。会文尉死，妻张与二子皆幼。白日遣人多掷瓦石以骇之，张不得已徙去，即以其舍求质钱百三十万，白因以九十万市之。张诉于府，白遂增钱三十万，因潜减赁课，以己仆为证，诣府讼张，且厚赂胥吏。

——〔宋〕李焘《续资治通鉴长编》卷八十五

按1贯钱为1000枚铜钱计算，130万枚铜钱就是1300贯，从这个案例可以看出，当时北宋初期一般普通住宅大约是1300贯，折合人民币为60多万。

这已经属于开封核心地段的住宅了，在一些偏远地段，一栋同样大小的房屋价钱可能也就在几百贯左右。

一线城市的房价是难以望其项背了，那么二、三线城市的房价呢？

当时有个宋朝的官二代叫侯可，他的朋友为了给父亲治病，想要将房子卖给他，当时交换的价钱就在100贯左右。

侯可在北宋，那也算是响当当的人物了，他的父亲侯道济当过北宋尚书，他本人还是著名哲学家、理学家程颢和程颐的舅父，他所在的地方是陕西的华州，其住宅也就值 100 贯左右，折合人民币在四五万左右。

当时一些躲到风景好且偏僻之地教书、著作的隐士或者学者，买的房子就更便宜了。大理学家朱熹曾经跑到江西庐山的风景区，从朋友崔嘉彦那里买了块宅基地，盖了栋"别墅"，取名"卧龙庵"，才花了 100 贯。

> 予既惜其出于荒堙废壤，而又幸其深阻夐绝，非车尘马迹所能到，倘可得擅而有也。乃捐俸钱十万，属西园隐者崔君嘉彦，因其旧址，缚屋数椽，将徙居焉。
>
> ——〔宋〕朱熹《庐山卧龙庵记》

宋朝的一线城市和二、三线城市的房价差了十倍左右，城乡差异比现在严重多了。宋朝只有官员是铁饭碗，平民百姓的收入可支撑不起太夸张的房价。

那么，我们来看看宋朝人的收入又是如何的。

宋朝人民能赚多少钱呢？

据《宋史·职官志》的记载，宋朝宰相、枢密使一级的高官，每月俸钱是 300 贯，春、冬服各绫 20 匹、绢 30 匹，冬绵百两，禄粟月 100 石；地方州县官员，诸路州军万户以上县令每月 20 贯，小县县令每月 10—18 贯不等，禄粟月 5—3 石，有三等。

正俸之外，还有各种补贴，如茶、酒、厨料、薪、蒿、炭、盐诸物及喂马的草料、随身差役的衣粮和伙食费等均由政府买单。

这么算下来，宰相一年的收入大概是 3600 贯，除去平时的衣食住行，可能能存下一两千贯，要想买个 5 万贯的豪宅得二十来年。

而万户以上的县令一个月赚 20 贯，一年下来也就 240 贯，在开封，就只能望房兴叹了。

而普通百姓的收入就更少了。这其中又分体制内和体制外的老百姓，体制内的普通职工月月有固定工资可以拿，体制外的老百姓基本靠做小买卖或打零工生存。

先说体制内的老百姓，开宝四年（971），绫锦院女工的报酬是每月粮 2 石，外加米豆 6 斗，约合每月工资 2 贯 600 文。崇宁年间（1102—1106），朝廷校书省雇人抄书，每月给的工资是 3 贯 500 文。织布女工人和抄书人可以算作是技术工种人员了，每月不过才 2 贯—3 贯。而体力劳动者多劳多得，赚得反而多一些。1092 年潭州修城墙，每个劳动力的雇佣价格是"日须支工钱三百"，合计每月工资是 11 贯 516 文。临安府修城墙，每个劳动力的雇佣价格是日钱 350 文，米 2 升半，合计每月工资是 14 贯 469 文。

这么看来，体制内的普通职工，纯体力劳动者每月最高能拿到 15 贯左右，而一般的劳动者，大概也就在 3 贯左右。

而体制外的老百姓呢，可能连首付都攒不出来。北宋末年，房价又翻了几番，开封府核心地段豪宅要数十万贯，如果按现在 30% 的首付来算，开封府一套 1500 贯的偏远地段的房子，首付就是 450 贯。

天下之费，莫大于土木之功。其次如人臣赐第，一第无虑数十万缗，稍增雄丽，非百万不可。

——〔元〕脱脱等《宋史·食货志》

宋徽宗政和年间（1111—1117），民间雇佣乳婢（奶妈）每年费用为 30 贯，合计每月工资 2 贯 385 文，私人雇佣轿夫的价格是每天 160 文，合计每月 6 贯 180 文。

一般在城里打零工，比如缝纫、刺绣、帮厨、送餐的，日薪水平大概在 100—150 文，月入 3—4 贯。开小卖部卖水果、炊饼之类的，大概每天能赚 80—250 文，每月可以有 2—7 贯的收入。而最普通的农民工，每月只能挣到 900 文，一年才能赚 10 贯钱。也就是说，在北宋末年，这些人如果想要在开封府买房，就算是偏远地段的 450 贯首付，也得要 45 年不吃不喝。

列位看到这里，是不是会觉得宋朝一线城市的住宅性价比真的太低了，如果不是生在开封，建议还是回二、三线城市打拼吧。

限购令之下，二套房基本不可能

跟如今的房地产市场相似，房市不仅关乎大宋经济命脉，也关乎大宋民生，为了防止房价暴涨，宋朝政府也动用了那只看不见的手。

诏现任近臣除所居外，无得于京师置屋。

——〔清〕徐松《宋会要辑稿》

在宋仁宗天圣七年（1029），政府就针对房地产市场颁布了限购令，要求京官最多只能拥有一套住宅，禁止在首都购买第二套房。

而在宋真宗咸平年间（998—1003），政府又针对普通百姓的公屋分配政策做了具体的约束，不准中央及地方官员购买政府出让的公屋，而是将申购公屋的机会留给一般平民。

> 禁内外臣市官田宅。

——〔清〕徐松《宋会要辑稿》

但实际上，这些政策在执行的时候，也会遇到一些暗箱操作的情况。在京官员买二套房的案例不胜枚举，比如苏轼的好友范镇、王诜都在京城拥有两处以上的住宅。其中王诜贵为当朝驸马，甚至专门有一座宅子用来收藏各种古董字画，常常请苏轼、黄庭坚等友人过去品评鉴赏，苏轼为了王诜的这个宅子还专门写过一篇《宝绘堂记》。

宋朝首都的天价房让很多官员和普通百姓都望而却步，所以大多数人也都接受了租房住的观念，这也是我们下一节要带大家去看的。

租房市场 | 官员租什么样的豪宅？
大抵都逃不过心酸的命运

宋朝房租的精确数目现在已经很难考证，但与今天相似的是，开封这种一线城市的房租肯定是要贵过二、三线城市的，这也是最基本的经济学常识。加上当时考进士的地点多在皇帝所在的京城，因此全国各地的举人便乌泱泱都跑到了京城。本来京城的房

子就不够住，一下子又来这么多考生，市场供需平衡瞬间被打破，房源紧张，房租暴涨，临近考场贡院的房子更是千金难求。

对于在京居住的人来说，一般情况下，租房有两种选择：一是民租房，二是公租房。

民租房就是个人出租的房屋。宋代城市居民被称为坊郭户，以有无房产为标准分为主户、客户。

主户可以对外出租房屋，也就是"房东"，当时被称为"掠房钱人"，从这个称呼可见当时的人们也有几分对于房东的羡慕和妒意。

客户则是指在城里买不起房子的平民，只能靠租房子安身立命，境遇跟今天的北漂、沪漂颇有相似之处。

公租房则跟现在的公租房概念非常相似，由政府出资建房，并以低于市场价的价钱出租给普通平民，下一节我们会详细解说。对于进京赶考的人或普通百姓来说，一般只能选择民租房。

实惨，苏轼与群租房的羁绊

提到宋朝名人，可能很多人第一个想到的就是苏轼。因为这哥们儿在初、高中教材中出现的频率太高了，而且他的很多著作都是游山玩水的诗篇，不少人可能觉得他一定是个富二代。但实际上，不论是苏轼的父亲，还是苏轼的弟子，过的都是租房度日的生活。

苏轼的父亲苏洵在 27 岁那年才开始发奋读书，而他的妻子程氏就带着孩子，僦居于眉州眉山（今四川眉山市东坡区）纱縠行，这个"僦居"就是"租房"的意思。

> 先夫人僦居于眉之纱縠行。
>
> ——〔宋〕苏轼《记先夫人不发宿藏》

好在苏洵的妻子生财有道，苦心经营几年之后，苏家终于脱贫致富，而这段时间里，苏洵也好好学习，天天向上，成为当时著名的学者。

宋仁宗嘉祐二年（1057），苏洵带着两个儿子——苏轼和苏辙到京城赶考，不出意外，父子三人一块儿租房，而且租的还是太平兴国寺（今河南省浚县内）的浴室。

三线城市眉州的小富豪到了京城只能住在寺院里，你看看这天上地下的待遇差别有多大。所幸兴国寺里有专门租给进京赶考举人的房子，苏洵、苏轼、苏辙父子三人在那里住了整整一年，直到他们都有了官衔和俸禄以后，才从浴室里搬走。

即使有了官衔和俸禄，苏洵父子三人仍然买不起房，他们先是在西郊租了民宅，后来又搬到太学南边租公房。

可以说，苏轼他爹跟两个儿子一直过着群租房的日子。

后来苏轼和苏辙参加选官考试，为了安心复习功课，在驿馆里住了一段时间。而苏洵为了节省生活成本，则跑到雍丘（今河南杞县）一个亲戚家里借住了近两年。

谁能想到文坛领袖苏洵父子三人过的竟是这样的生活，但是没办法，在开封没钱就是买不起房。

苏轼不仅最初买不起房，等到他收了徒弟，依然买不起房。秦观、张耒、黄庭坚、晁补之这"苏门四学士"在很长一段时间里，都走上了师父的老路，成为"租二代"。这四个人在开封都没有房产，秦观在市中心租房，黄庭坚在城西租房，张耒和晁补之在南郊租房。

> 昔者与兄城南邻，未省一日不相亲。
>
> 谁令傃舍得契阔，此事我每怀古人。
>
> ——〔宋〕张耒《赠晁二：走笔约无咎
>
> 同赴大尹龙图四丈羔酒》

这是很多年之后，不再年轻的张耒赠给晁补之的一首诗，意思是说：当年我跟你都在开封南郊租房，离得很近，没有一天不见面，但我只能在租来的房子里招待宾客。

张耒这人，年轻的时候跟晁补之一起混南郊，等到当了几年小县官，又被当作旧党成员，与苏轼等人不断被贬官调职，一辈子也没住过几天京城的好房子。

> 春雨不肯晴，春云与地平。
>
> 柯山数椽屋，昼夜倾檐声。
>
> ——〔宋〕张耒《春雨》

说实话，开封的房租还是挺贵的，如果没有公租房或选择去远郊租房，要租一套大宅院，月租大概是数贯到数十贯不等。

按照上一节所说，普通打零工的一天工资大概是 100 文，一个月也不过才 3 贯的收入，想要租这样的大宅院，基本是不可能的。

苏轼这一行人也是一样，他们做高官以前买不起房子，租房子也要选择比较便宜的地段。换作现代人，可能也不会愿意用一个月的工资去北京四环内租个 100 平方米的房子。

所以，这就是宋朝当时的情况，开封作为当时全国人口最多的城市，会聚了各行各业的一流人才，但土地的面积是有限的，僧多粥少，势必会造成房价与房租齐涨的现象。

贵为当朝宰相，也逃不开租房的命运

在宋朝就算是当了官，没有钱也一样要租房。当时城市建设跟不上，朝廷还没有考虑到副中心城市或者卫星城的事情，所以在宋朝，甭管你是宰相还是芝麻官，该租房还得租房，这也不是什么丢人的事儿，因为大家都买不起房。去上早朝的时候，还可以互相讨论一下房租是押一付三还是免押金直接入住。

当时的朝廷没有为所有京官提供官邸，靠那点俸禄，官员们买不起京师的房子，只好当了租房一族。

> 自来政府臣僚，在京僦官私舍宇居止，比比皆是。
>
> ——〔宋〕韩琦《安阳集》
>
> 且如祖宗朝，百官都无屋住，虽宰执亦是赁屋。
>
> ——〔宋〕朱熹《朱子语类》卷一百二十七

韩琦说得比较笼统：哎呀，来开封当官的同僚，租房子住的人比比皆是。而朱熹这句话就比较耿直了，就算是宰相，也是租房住。

以苏轼的弟弟苏辙为例。苏辙先是做到了御史中丞，这个官职可不低，正儿八经正四品的大员。宋神宗改官制后，这个官职实际上已经是御史台的真正长官了，也是国家最高监察机构的负责人，上至宰相，下至一般小官，都在他的监察弹劾之列。到后来，苏辙还做了尚书右丞、门下侍郎，可以说是皇帝跟前的红人了。

然而苏辙也买不起房子，一直住在出租屋，因此买一套房子几乎成了苏辙的心病。有一次，苏辙的朋友李廌乔迁新宅，苏辙写了一首叫《李方叔新宅》的诗表示祝贺，非常直白地表达了自己买不起房子的无奈与心酸：

> 我年七十无住宅，斤斧登登乱朝夕。
>
> 儿孙期我八十年，宅成可作十年客。
>
> 人寿八十知已难，从今未死且盘桓。
>
> 不如君家得众力，咄嗟便了三十间。
>
> ——〔宋〕苏辙《李方叔新宅》

他写这首诗与其说是祝贺李廌乔迁新宅，不如说是抱怨自己家底不够厚，都快 70 岁了还没有自己的房子，而李廌靠着家人、朋友的帮助就能置办房产。

一直到晚年，苏辙才倾其所有，在二线城市许州（今河南许昌）盖了三间新房，总算是扬眉吐气了：

> 平生未有三间屋，今岁初成百步廊。
>
> 欲趁闲年就新宅，不辞暑月卧斜阳。
>
> ——〔宋〕苏辙《将拆旧屋权住西廊》

其实不仅是苏辙，宋朝的很多高官都是租房一族，宋真宗时的枢密副使杨砺，在赵匡胤执政的时候就考上了状元，是宋朝的第一个状元。但这个"宋朝第一状元"的名号并没有给他带来太多的利益。他在当官期间，也租住在陋巷之中。他 69 岁去世的时候，宋真宗冒雨前往祭拜，发现巷子太狭窄了，马车都进不了。不知道皇帝看到当朝的"参谋副总长"活成这样子，是什么心理感受。

还有另外一位大家的老熟人——欧阳修，他从21岁初次到开封赶考至38岁升知谏院兼判登闻鼓院，一直都租房生活。

嗟我来京师，庇身无弊庐。

闲坊僦古屋，卑陋杂里闾。

邻注涌沟窦，街流溢庭除。

出门愁浩渺，闭户恐为潴。

墙壁豁四达，幸家无贮储。

——〔宋〕欧阳修《答梅圣俞大雨见寄》

字里行间就透露着一个字——惨。

本来租的房子就是老、破、小了，结果还因为地势低洼容易积水，一下大雨，房子就被淹了。欧阳修还挺会自嘲：幸好我家徒四壁，啥余粮都没有，否则都被雨水泡了。

宋朝的官员真的惨，一直到宋神宗时，朝廷才拨款在皇城右掖门前修建了一批官邸，供副国级以上的宰相、参知政事、枢密使等官员入住。副国级以下的官员就甭想了，老老实实给房东交房租吧。

说到这里，你可能多少有些疑惑了，以宋朝为背景的历史小说还挺多的，《说岳全传》《杨家将演义》《水浒传》里都描写了当时的市井生活，拿《水浒传》里的武大郎来说吧，仅仅靠着平

日里卖几笼炊饼，竟然在清河县县城租下了一栋独门独户的两层小楼，将如花似玉的潘金莲养在家中，还能供得起她的脂粉钱。这是不是跟官员们租房都租不起的情况有点矛盾呢？

其实未必如此，原因很简单，地方州县的房子，房租本就便宜许多。

武大郎活动的区域主要集中在清河、阳谷等地，属于比较偏僻的区域，每间房的日租金也就是3—6文，每月的房租90—180文，比起苏轼和欧阳修在开封的房租，简直太便宜了。

> 第四等一户开饼店为活，日掠房钱六文。
>
> ——〔宋〕欧阳修《乞免浮客及下等人户差科札子》

欧阳修这句话说的意思就是：一户卖饼人家的房租租金每天不过只有6文，每月的房租180文，按一个青壮年劳动力的所得，这个标准的房租还是可以承担的。

苏轼被贬到惠州的时候，也曾经向程正辅反映过当地的驻军没有营房，只能租赁民房，每月的租金大概在150—300文。

从这个角度看，开封这些一线城市的租房性价比确实不高，对于普通平民来说极不友好。

租售比赶超北上广，靠房租也能回本

如果宋朝的房租对房客不太友好，那从另外一个角度来说，对房东是不是就友好了呢？

按照现在的观点，房价和房租不论何时都有一个比例，也就是房价与房租比。这是个规律性的东西，简单来说，就是某个地区房租和房价之间必然、本质、稳定和反复出现的关系，我们一般用"租售比"作为衡量这个比例的标准。

租售比，一般情况下指房屋租金与房屋售价的比例，也就是每平方米建筑面积每个月的月租与每平方米建筑面积房屋总价的比值。这个概念是国际上用来衡量某个地区楼市运行是否良好的指标之一，现在国际标准通常为 1 ∶ 200 到 1 ∶ 300。比值越高，说明房屋的投资价值越大。

但实际上，国内一线城市的租售比都不是太高，北京、上海、广州、深圳住宅的租售比普遍在 1.5% 左右，商住为 3%，加上每年固定资产有 2% 左右的折旧，家具装修损耗 5% 折旧，外加部分房客对房屋的损坏，每年住宅大概有 4% 左右的损耗，商业住宅甚至有 6% 左右的损耗。如果再算上 5% 无风险获利的机会成本损失，北京、上海、广州、深圳的住宅每年大概会有 9% 到 11% 的建筑价值损耗，所以，在一个自然年里，即使能收满房租，也会有 7.5% 到 8% 的建筑价值损耗。

如果两个房客之间出现了断档，或者房屋中介和长租公寓出现了赖账现象，那对于现在一线城市的房东而言是双重打击，想靠租金回本完全没戏。但是宋朝的房子可就完全不一样了，在京城做了房东，就等于栽了棵摇钱树。

诸王邸多殖产市井，日取其资。

——〔宋〕李焘《续资治通鉴长编》卷一百八十七

时故相夏竦，邸店最广。

——〔宋〕李焘《续资治通鉴长编》卷一百九十

李焘在《续资治通鉴长编》中点名道姓提到了大臣夏竦投资商铺的事情。夏竦是三朝元老，宋仁宗时期拜为同中书门下平章事，论实际职权算是宰相级别的人物，却私下搞起了房产开发。跟开发商不同的是，当时的夏竦广置地产，盖了房子只出租，不出售，做的是细水长流的生意。

李焘在《续资治通鉴长编》中还提到了宰相向敏中的宅子。向敏中以 5000 贯买入薛安上的宅第向外出租，租金是每天 2 贯，月租 60 贯。如果按这个租金来算，不到 7 年就可以回本。租售比 1 ∶ 83，年化收益率 14.6%。这个速度比现在的成本回收速度快了一倍以上。

当时的人对于租房赚钱这种事情，也是达成共识的。比如宋人陶谷《清异录》里的这句话意思就很直白了："僦屋出钱，号曰痴钱，故僦赁取直者，京师人指为钱井经商。"意为出租房子来钱太容易了，傻子都可以靠这个赚钱。

所以说，宋朝开封的房子，那是极具投资价值的，从别墅到普通民宅，只要能买到手，用来出租都是稳赚不赔的买卖。

| 公租房 | 还有这等好事？
房东经常减房租，甚至还能免房租 |

对于一线城市的北漂、沪漂、深漂来说，最开心的时刻莫过于月底老板发工资的时候，最心碎的时刻莫过于月初给房东交房

租的时候。虽然老板跟房东一样都不好打交道，但房东属于既不好打交道还高攀不起的那类人。

扎进《水浒传》里看看武大郎，是个卖炊饼的，没核心技术也不靠直播打赏，靠这收入住得起一栋小楼房吗？

上文中也提过，想养得起两层小别墅，只要不是一线城市临街的门面房，价格也就一二百文，靠武大郎一个人也是养得起的。更何况，如果武大郎住的房子是公房，幸运的时候，连房租都不用交了呢。

宋朝最大的包租公

宋朝所谓的公房是指因各种原因被拿来充公的房产，主要是用于公租房或廉租房。在宋朝也有专门的单位来管理全国上下的公房，最开始叫楼店务，后来又叫店宅务，负责公房管理、出租和维修。

作为政府机关单位，店宅务的摊子铺得也很大，里面的办事人员都是有编制的。以开封左厢店宅务为例，内设"勾当店宅务"一员，相当于 CEO（首席执行官）；"勾押官"各三四员，相当于 VP（副总裁）；还包括"掠房钱亲事官"各四五十名，相当于扫楼的业务经理了，负责在外面招揽业务；此外，还有负责维修的工人 500 名。这几百号人共同支撑宋朝开封的公房管理事业，对于没有租出去的空屋，每天都派专人看守，并由业务经理出去贴小广告找租客。

别小看了店宅务的能耐，据数据统计，宋仁宗天圣三年（1025），楼店务所管的房屋就有 26000 余间，开封府共征收

134629 贯年租，而截至 2022 年 1 月，北京链家网显示真实在租的房源才不过 31462 套，这还是在有各种现代办公软件和大数据技术支持的基础上实现的，所以小小的店宅务确实有几分能耐。

到了南宋的时候，店宅务也为财政收入贡献了不少力量，南宋高宗绍兴五年（1135），杭州店宅务收入 30 余万缗。

> 临安楼店务钱岁三十余万缗，请以十万归省额。
>
> ——〔元〕脱脱等《宋史·张运传》

从房屋面积来看，公房分为上、中、下三等，基本能满足不同消费人群的需求。有钱人可以花大价钱租豪宅，没钱的穷苦人家也可以找到合适的房源。

按上文宋仁宗时期的房租来算，开封的公房月租平均在 450 文上下。当时普通的市民，每天的收入大概在 100—300 文，公房的月租占整体收入的 15%。简单来说，就是宋朝一个月薪 3000 元的人需花 450 元来租房，这个价格还是可以接受的。

开封的民房租赁，一般一套高档住宅的月租金超过 10 贯，普通住宅的月租金也要好几贯钱，相比之下公房的租金对于普通老百姓来说还是很友好的。

那么公房的租金收上来之后，都去了谁的口袋呢？

这里就要提到一个叫左藏库的机构了，全国的贡赋到要交到这里，店宅务也不例外。

> 国初，贡赋悉入左藏库，及取荆、湖，下西蜀，储积充羡。
>
> ——〔宋〕李焘《续资治通鉴长编》卷六

不同于普通官员连房子都买不起，皇帝宫里每天的"脂泽之用"都是"日百千"的花销额度，一天就要花掉一个普通百姓两个多月的房租。

> 国初，有楼店务，太平兴国中改为左右厢店宅务。是
> 岁（端拱二年），并为都店宅务，以所收钱，供禁中脂泽之用，
> 日百千。
>
> ——〔宋〕李焘《续资治通鉴长编》卷三十

当然了，普天之下，莫非王土，皇帝就是这种吃祖宗饭的职业，老祖宗打下来江山，子孙后代就可以成为天底下最大的包租公，也不用交房产税。

皇帝大笔一挥就能永久性减免房租

既然吃房租，宋朝的皇帝逢年过节也会帮大家减免一部分房租，以彰显皇恩浩荡。比如在有灾祸、节日、庆典、祭祀等情况下会下令减免房钱，但这种减免一般是临时性的。

当时的农业社会主要靠天吃饭，如果发生了天灾，老百姓的日常生活肯定会受到影响，为了使百姓在灾后能尽快恢复正常的生活，宋朝常采取临时性减免房钱的办法。减免几天或十天半个月的房租，让老百姓喘口气，喘匀了再继续交房租。

北宋治平年间，英宗降谕："每逢灾年，除开仓放粮外，公房房租一并减免。"

宋朝也会出现永久性减免房租的时候，主要是因为体制内福利或者通货膨胀。前者是偶然事件，体制内当官的人，有时候也会享受到皇帝的额外福利。例如宣和七年（1125），徽宗下诏，京官房租降低两成。后者则是不得不为之，南宋初期，物价和房租都增长飞快，但是老百姓的收入没有跟得上物价的增长速度。

绍兴二十一年（1151），高宗下诏，从首都到地方，无论公房、私房，房租一律降低一半，到了淳熙八年（1181）和嘉定二年（1209），孝宗和宁宗分别下令，各地房租降低三分之一。甚至有的时候，民房的房租也会被一起免掉，这个操作也是让民房房东有点懵。

作为政府的最高领导，皇帝从自己的小金库里省点钱，免掉公房的房租，这无可厚非，但是民房的房东也是省吃俭用才买的房，没准儿还存在"以租养租"的情况，皇帝突然说房租全免，那收房租这活儿可真没法干了。

> 都民素骄，非惟风俗所致，盖生长辇下，势使之然。
>
> 若住屋则动蠲公私房赁，或终岁不偿一镮。
>
> ——〔宋〕周密《武林旧事》

周密就曾表示：虽然临安城的房租贵，但朝廷会给予减免，有时候一年到头都不用交一分钱。

这大概是让经济学家挠破头也猜不透的谜之操作了。

如果非要给个解释，在那个没有《物权法》的年代，天底下所有的土地都是皇帝的，皇帝想收房租就收房租，想免房租就免房租，平民百姓没有什么所有权，也就只能听之任之了。

免租房这等好事哪里找

除了临时性的减免房租，宋朝还有从来都不要一文钱的免租房——福田院，这项制度是从宋朝第四位皇帝宋仁宗在位的时候贯彻落实的。

从庆历二年（1042）起，宋仁宗就多次下令重修东、西福田院，并在此基础上增设了南、北福田院。凡是逃荒入京的流民、赤贫破家的市民或无人奉养的老人等，都可以安置进福田院，而且这部分费用是由中央财政来负担的。

一直到北宋末年，福田院的政策也没有停止。蔡京当权期间，下令各州县设置居养院、安济坊和漏泽园，其中安济坊用于慈善医疗，漏泽园用于安葬无人认领的尸体，居养院则用于住房救济，给底层普通人提供最基本的生活保障。

宋朝政府建设公房、减免房租、建设福田院的种种举措对于底层百姓和生活困难的群体还是相对体恤到位的，而对公房租赁价格的管理介入也反映了宋朝对商业更为成熟的管理机制，这些管理机制不仅在一定程度上维护了公房市场的规范性和可持续发展性，也为后来各朝的公房租赁管理提供了借鉴经验。

房屋拆迁 | 房屋拆迁秒变"拆二代"？抱歉，没有这种好事

相对于上一代的中年人，在购房问题上一些新一代的年轻人选择了主动躺平，因为他们发现，可能熬秃了头，也很难在一线城市买一套五环内的二手房。于是有人开始幻想着，要是彩票中个奖或是当个"拆二代"就好了，但相比之下，彩票中奖的概率

可能还大一些。

毕竟自 2019 年以来，改革规模和货币化安置（拆迁补偿）比例大幅降低，靠拆迁一夜暴富也将成为历史。

拆迁这事儿并不是现代社会才有的。在商品经济比较发达的朝代，人们在城市中见缝插针地盖自建房，违建商铺、出租民房，让本来就不宽敞的道路雪上加霜，自然也就引来了拆迁大队。

宋朝就是这种现象的代表之一。

违章建筑太多了，拆拆拆！

在唐朝以前，具备一定建设规模和人口规模的城市都是统治中心或军事重镇。为了更好地维护统治，唐朝对城内的居民和商业活动进行了严格的控制，并且形成一系列完整的制度。比如唐朝的坊市制将住宅区（坊）和交易区（市）严格分开，并对交易的时间和地点严加控制，哪里可以建住宅，哪里可以建商铺，以及什么时候可以买卖，这些事情都是在法律里写清楚的，谁违反了就送谁去吃牢饭，可以说"赚外快的事情都写在了法律里"，这就是所谓的坊市制。

宋朝时，坊市制已经不复存在，市民们也不顾城市统一规划了，想在哪里建住宅就在哪里建住宅，想在哪里开商铺就在哪里开商铺，这就造成了满大街都是违章建筑。这种行为，当时被称为"侵街"，城市里的违章建筑过多会导致整个城市结构杂乱不堪，一旦发生火灾会牵连甚大。

因此，皇帝每隔一段时间逛街的时候发现侵街现象太严重，就会要求拆除违章建筑。开宝九年（976），宋太祖"乙巳，宴从臣于会节园，还经通利坊，以道狭，撤侵街民舍益之"。大中祥符五年（1012）十二月，宋真宗"前诏开封府毁撤京城民舍之侵街者，方属严冬，宜俟春月"。景祐元年（1034）十一月，宋仁宗"诏京旧城内侵街民舍在表柱外者，皆毁撤之"。第一个例子是宋太祖赴宴回来的路上，发现通利坊的道路太窄了，于是下令拆除违建，后面两个例子分别是宋真宗和宋仁宗要求拆除开封城里过多的违章建筑。

由于宋朝没有指定的机构管理市民建筑房屋和商铺的事情，因此只能由皇帝承担起城管大队大队长的职责。皇帝出门赴宴路上，过节赏花路上，从胡同巷子里走一走，发现路太窄，连马车都过不去，于是大笔一挥：拆！

一次性补偿两年收入，这笔买卖赚不赚？

皇帝一张嘴，官员忙断腿。拆迁也是这么一回事，既然要拆除市民的私有物业，当然就要给拆迁款，要不然大家才不会费尽心思地盖违章建筑。

宋神宗元丰六年（1083）正月，因为要开挖汴京新城的四面壕沟，所以需要对部分市民的住宅和田地进行拆迁。朝廷委任官员杨景略负责拆迁补偿，对土地被征用的民户"估值给之，或还以官地"，被拆迁的"官营房及民坟、寺舍"，则由京城所进行修改。

在这次拆迁活动中，杨景略对于拆迁户的补偿主要分为两种：一种是"估值给之"，对拆迁面积进行估算后给钱；另一种是"还以官地"，即另外拨一块地给拆迁户。这两种方式也是宋朝拆迁补偿的主要方式。

在元丰六年闰六月的时候，开封又搞了一次拆迁，按照城市规划的要求，"三十步妨官地民屋"都要拆迁，也就是说，城墙内侧三十步范围内的建筑物都要拆迁。

这一次负责拆迁的是开封府一名叫祖无颇的官员。祖无颇统计了工程涉及的拆迁户数目和地产价值，总共有"百姓屋地百三十家，计值二万二千六百缗"，即130家拆迁户，需要补偿22600贯。算下来，平均每户可获得拆迁款170多贯。

那么这笔拆迁款对于普通市民来说，可以让他们一夜暴富吗？

答案是否定的。

普通市民每天的收入大概在100—300文之间，我们按每天的收入为200文来计算，一个普通市民的年收入约为70贯，一个有两个成年人的家庭年收入约为140贯，如果每天收入为100文左右，那么一个有两个成年人的家庭年收入大概是70贯。

也就是说，一笔拆迁款只不过是一个成年人两年多的收入，并不足以让人一夜暴富。

而且以当时开封的房价，这170贯也买不了什么豪宅，宋朝中后期的房价居高不下，当时朝中大臣的一处住宅就要几十万贯，170贯只能算是小数目。

> 政和七年……淮南漕臣张根言："天下之费，莫大于土木之功。其次如人臣赐第，一第无虑数十万缗，稍增雄丽，非百万不可。"
>
> ——〔元〕脱脱等《宋史·食货志》

为啥拆迁才给这么点钱？因为这些拆迁的房屋都在城墙附

近，属于房价比较低的地界，所以祖无颇做出这个拆迁款的估算也是比较客观的。

租房子也有补偿款拿，这届政府太给力了

宋朝作为一个有人情味的朝代，如果哪天房东成了拆迁户，那租房子的人也可以获得一笔搬家的补偿款。

南宋绍兴二十八年（1158）六月，由于"皇城东南一带未有外城"，宋高宗命令"临安府计度工料，候农隙日修筑"，先让临安府做个预算出来，在非工作日的时候进行修筑，如果需要拆迁"民间屋宇"，要对居民进行"措置优恤"。

负责工程的人工作效率都非常高，仅仅过了一个月，杨存中就向皇帝汇报了设计民间屋宇的情况："其余是居民零碎小屋，若筑城毕工，即修盖屋宇，依旧给还民户居住，委实利便。"也就是说，本次拆迁活动中，只有少数"居民零碎小屋"需要拆迁，等工程完工后，还修盖房子给他们居住。

对于拆迁补偿方案，张捴和杨倓也根据业主和租户的不同情况向皇帝做了汇报：

> 所有合拆移之家，如自己屋地，今已踏逐侧近修江司、红亭子等处空闲官地四十余丈，许令人户就便拨还。内和赁房廊舍，候将来盖造，却依元间数拨赁。其新城内外不碍道路屋宇，依旧存留。……所有拆移般家钱，除官司房廊止支赁钱户外，百姓自己屋地每间支钱一十贯文，赁户每间五贯文，业主五贯文。
>
> ——〔清〕徐松《宋会要辑稿·方域二》

这个方案的大概意思是说：

对于业主，在附近 40 多丈的空闲官地上给他们拨一块面积相同的宅基地；对于租户，等政府盖完了房子，还按照原来的房间数租给他们；此外，政府对于所有的拆迁户都补贴拆迁搬家钱，业主每间房子补偿 10 贯，租户每间房子补偿 5 贯。

南宋的本次拆迁活动发生在杭州，与开封府相同，杭州的房地产市场也是异常火爆，给业主补偿的这 10 贯不多不少，大概可以在杭州普通地段盖一间简单的住宅。而给租户的那 5 贯钱呢，其实真算是仁至义尽了。虽然宋朝的皇帝有时候也会心血来潮免了所有住宅房租，但是在给租户补偿款这件事上，还是遵循了市场规律的。

由于宋朝的市场经济相对发达，住宅的物权已经可以分出来所有权、使用权、用益权、典权等多个层次。租户享受的就是住宅的用益权，当拆迁活动损害了租户的用益权时，是可以得到一定的补偿费用的。

但不管是以"估值给之"的方式给居民补偿，还是以"还以官地"的方式重新分一块宅基地，宋朝给出来的补偿都在合理范围之内，不会让居民的正常生活受到太大影响，也不会让他们一夜暴富。

在对待拆迁一事上，宋朝的态度一直是比较客观中立的，很多时候都是为了城市规划的必要性和老百姓的利益才进行的，皇帝在同意拆迁计划的时候也秉持着能不拆就不拆的原则，算是在一定程度上体恤了底层百姓的起居用度。

第二章

干饭人干饭魂，
在宋朝干饭是种什么样的体验？

<table>
<tr><td>下馆子</td><td>有路边摊还有大酒楼</td></tr>
</table>

宋朝人非常喜欢下馆子，对于他们来说，下馆子才是真正的家常便饭，至于普通百姓的家里，甚至连蔬菜都不备着，到点儿准时下馆子或者点外卖。这是为什么呢？那就要谈到宋朝的经济发展水平和商业发展状况了。

> 市井经纪之家，往往只于市店旋置饮食，不置家蔬。
>
> ——〔宋〕孟元老《东京梦华录》

根据英国经济史学家安格斯·麦迪森在《世界经济千年史》中的测算，以 1990 年美元为基准，在 960 年赵匡胤建立宋朝的时候，中国人均 GDP 为 450 美元，到北宋末年的时候已经达到 600 美元。而处于中世纪黑暗中的欧洲，当时的人均 GDP 还徘徊在 422 美元附近，这样的人均 GDP 让外国友人深受刺激啊。

经济繁荣，生活富足，老百姓兜里有钱，谁还不知道下馆子乐和乐和。在美食云集、餐厅林立的大宋朝，此处不留爷，自有留爷处，只要兜儿里有钱，去哪里吃饭都不慌。

封建社会以农业经济为主，在机械化生产还没有普及之前，经济增长主要依靠人口数量。宋朝在建朝之初，在籍人口只有 3000 万左右，到靖康之难前就迅速增长到一个多亿，短短 100 多年发生这样的变化，宋朝得吃了多少人口红利。

在农耕时代，人口数量和经济繁荣程度息息相关。经济繁荣、政治清明、社会稳定的时候，人们就喜欢多生孩子，多一个男丁，家里就多一个劳动力。但是在战乱、饥荒的时候，人口数量就会快速下滑。宋末元初，经历过数年战争后，1298年，全国记录在籍人口下降至5985万，比宋朝人口高峰时减少40%以上。

从人口数量情况可以直观地看出，宋朝在和平发展期间，经济是十分繁荣的，百姓活得是非常滋润的，有足够的消费能力去下馆子。

宋朝之前的朝代多采用抑制商业发展的政策，而宋朝政府减轻商税，大力鼓励商业发展，使得越来越多的人去开饭店做生意。本金充裕的可以直接开私人酒楼，手上没那么宽裕的也能摆摆地摊儿，开个小店做点小本买卖。在餐饮界激烈的"内卷"中，热情待客、服务周到已经成为开馆子的基本要求，除了十字坡包子铺CEO孙二娘这样的不以可持续发展为目的的餐饮从业者，大部分开饭馆的老板都希望多几个回头客。

另外，坊市制度在这时破天荒地被取消了，商家不再被局限于固定的地方才能开店摆摊，沿街到处都是摊子、饭馆、酒楼。百姓吃饭非常方便，自然喜欢出去打牙祭。

就这样，宋朝的饮食业迅速发展了起来，美食的种类、做法也大大丰富，让宋朝变成吃货的天堂。无论是喜欢在接地气儿的路边摊大快朵颐，还是痴迷于餐厅享受顶级VIP（贵宾）服务，这都不叫事儿。

论物美价廉，路边摊与小酒馆是平民的首选

宋朝的清晨，是伴随着街边小贩的吆喝声到来的。每到五更天，也就是咱们现在的凌晨三四点钟，天还欲亮未亮的时候，街上就已经有店家点上灯准备开张了，小贩儿也支上摊儿准备卖早点了。鸡鸣声、沿街的叫卖声、打更声无一不提醒人们到了起床的时间。赶早的人即使在凌晨三四点钟出门，也能吃上香喷喷、热乎乎的馓子、烧饼、包子。

> 每日交五更，诸寺院行者打铁牌子或木鱼循门报晓，亦各分地方，日间求化。诸趋朝入市之人，闻此而起。诸门桥市井已开……酒店多点灯烛沽卖……亦开或有卖洗面水，煎点汤药者，直至天明。
>
> ——〔宋〕孟元老《东京梦华录》

在宋代之前其实是没有太多面食果子的，一直到了宋朝，随着发酵技术的盛行，蒸饼、馒头等面食果子才慢慢成为人们日常生活中的主食。这时候汴京城就出现了一些较大的点心作坊和面食店，比如其中的张家和郑家甚至可以50多个炉灶同时开工。

> 唯武成王庙前海州张家、皇建院前郑家最盛，每家有五十余炉。
>
> ——〔宋〕孟元老《东京梦华录》

现代人早餐中的王者——包子，是在宋朝才出现"包子"一词的，宋之前没有"包子"这个词语。这其中最有名的要数王楼山洞梅花包子，赫赫有名的开封灌汤包就是从这时候流传下来的。对于宋朝人来说，吃开封灌汤包是有讲究的，都说心急吃不了热豆腐，心急一样吃不了开封灌汤包。吃灌汤包得先小心着在薄薄

的皮儿上咬个小口，滚热鲜香的汤汁就流进了嘴里，等汤汁咽尽，就可以吃皮和馅儿了。肥瘦相间的猪肉混着面粉的小麦香，那叫一个满足。

到了南宋，还有了现代老百姓爱吃的油条和豆浆。油条在锅里炸得蓬松又酥软，金灿灿的让人食欲大振。秦桧以"莫须有"的罪名杀害抗金名将岳飞，相传宋人便用条状面捏成秦桧的模样，放入滚油中炸，借此解恨，所以油条又称"油炸桧"。

更有酒店兼卖血脏、豆腐羹、燺螺蛳、煎豆腐、蛤蜊肉之属，乃小辈去处。

——〔宋〕吴自牧《梦粱录》

豆浆在宋朝又称"豆腐羹"，"小辈"是指平民。这个时候，豆浆已经成为人们日常饮食的标配，不少人家也以制作豆浆、豆腐作为养家糊口的手段，配上新炸出来的油条，一顿正宗的北方早餐就齐活儿了。

种豆豆苗稀，力竭心已腐。早知淮王术，安坐获泉布。

——〔宋〕朱熹《豆腐》

想必当时的道德标兵朱熹也是豆腐的爱好者，如果没有研究过豆腐是怎么做的，可能也写不出来《豆腐》这么接地气的作品。

若是不着急，也可以去"分茶店"，慢慢悠悠地吃碗面或吃碗馄饨，再喝碗羹汤，看着外面贩夫走卒人来人往是件非常悠闲惬意的事情。

向者汴京开南食面店，川饭分茶，以备江南往来士夫，谓其不便北食故耳。南渡以来，几二百余年，则水土既惯，饮食混淆，无南北之分矣。大凡面食店，亦谓之"分茶店"。

——〔宋〕吴自牧《梦粱录》

分茶店起初只在北宋的都城东京营业，主要做适应南方游人口味的饭食和面点。后来随着迁都南渡，南北饮食习惯逐渐没啥大的区别了，分茶店的吃食卖得也更杂了，有各种鸡、鱼等下酒菜，如四软羹、石髓羹、杂彩羹、软羊焙腰子、盐酒腰子、双脆石肚羹、猪羊大骨、杂辣羹、诸色鱼羹、大小鸡羹等。

又有专卖家常饭食，如撺肉羹、骨头羹、蹄子清羹、鱼辣羹、鸡羹、耍鱼辣羹、猪大骨清羹、杂合羹、南北羹，兼卖蝴蝶面，煎肉、大燠、虾燥等蝴蝶面，及有煎肉、煎肝、冻鱼、冻鲞、冻肉、煎鸭子、煎鲚鱼、醋鲞等下饭。更有专卖血脏面、斋肉菜面、笋淘面、素骨头面、麸笋素羹饭。又有卖菜羹饭店，兼卖煎豆腐、煎鱼、煎鲞、烧菜、煎茄子，此等店肆，乃下等人求食粗饱，往而市之矣。

——〔宋〕吴自牧《梦粱录》

也有专门卖素食的分茶店，有素面、果子等。还有专门卖给贫苦人家的分茶店，他们既卖菜羹，又兼卖煎豆腐、煎鱼、烧菜、煎茄子，这些风味一般，只为填饱肚子。无论您好哪口，是什么经济状况，都能找到满足您需要的店。

边喝冷饮边逛街，爽！

吃好了早餐可以在街上逛逛，鱼市、肉市、金银铺、彩帛

铺、漆器铺、珠子铺、果子铺分别列在道路的东西两侧，一路上让人眼花缭乱。先按下这些繁华不表，逛久了也渴了，附近的冷饮店似乎就等着路人们口干舌燥的这一刻。

开封府有三家大型冷饮店，一家叫"曹家从食"，位于朱雀门外，另外两家位于旧宋门外，店名现在已经不知道了。这三家店都卖冰雪、凉浆、甘草汤、药木瓜、水木瓜、凉水荔枝膏等冷饮。小贩也会沿街挑着担子，装着大桶和盒子来街上卖，他们卖力地吆喝着，希望能多招徕些顾客。

冰雪就是宋朝版的冰糕。冬天时，在水里放上糖和鲜榨的果汁，放到室外冻上，再存到冰窖里，等到夏天的时候再切成小块卖，赚的就是物以稀为贵的钱。精致点儿的店家还会将冰雪雕成小人或动物的模样，引得小孩子眼巴巴地来看。

凉浆是冰镇的发酵米汤，可能有点类似于现在的醪糟。先用米熬米粥，熬黏以后再加凉水混合均匀，盖上盖子让它自然发酵。过五六天，把发酵后的米汤用小瓷瓶分盛，放冰桶里冰镇后就可以喝了。

药木瓜和水木瓜虽然只有一字之差，但是两者的制作工序完全不一样。药木瓜是用盐、蜂蜜和好几种中药材把木瓜腌制后，再放入滚水里煮到发白，捣成泥，然后和冰水混合均匀，有点类似于现在绵绵冰和刨冰的做法；而水木瓜就是简简单单的一杯水果冰，木瓜削皮去瓤，把果肉切成小方块，泡到冰水里面就成了。

最让消费者费解的就是凉水荔枝膏了，这货虽然叫荔枝膏，但跟荔枝基本上没关系。它主要是用乌梅、砂仁、肉桂、生姜等熬制而成，然后再把膏融入冰水，成品味道与荔枝有相似之处。当时荔枝金贵，所以跟荔枝扯上关系也能卖得出好价钱，于是用乌梅熬出来的这种饮品就堂而皇之地自称凉水荔枝膏了。

宋朝冷饮不含色素，也不含防腐剂，没有椰果也没有珍珠，完全是纯天然的。夏天时，叫卖的小贩们拿出各种造型的冷饮哄小孩子开心，解暑降温，一天下来小贩们的腰包就揣得鼓鼓囊囊了。

上面说到的这些冷饮都离不开冰，可是宋朝没有现代化的制冰设备，大热天的从哪儿弄来冰呢？

老祖宗们想出了一招儿——冬天把冰挖出来后放在冰窖保存，等夏天来了，从冰窖里取出冰放在盒子或大桶的夹层里，再把食物放在器皿上，起到冰镇的效果。

冰雪惟旧宋门外两家最盛，悉用银器。

——〔宋〕孟元老《东京梦华录》

旧宋门外有两家冷饮店还会用银器来装冷饮。当时虽然没有各种制冷的设备，但在老祖宗的不懈努力下，冷饮也成了老少妇孺在夏天都能购买的食品。

去大酒楼坐坐，享受宋朝 VIP 服务

逛完小摊子、小酒店，不去宋朝最有名的大酒楼坐坐怎能甘心？

宋朝的大酒楼叫"正店"，是由政府授权可以合法酿酒并自产自销的酒店。《东京梦华录》中提到，在京师中，正店只有72家。正店规模大，装潢豪华，门楼用竹竿搭建在店门口，围上彩帛，被称为"彩楼欢门"，就像现在理发店门口的旋转灯似的，五光十色，远远看见就有想进去消费的欲望。

这 72 家正店中名声响极一时的当数樊楼，也名为白矾楼，后改名丰乐楼。樊楼楼高三层，五座楼相向，分东西南北中，各楼之间以飞桥与栏槛相连，在当时算规模首屈一指的建筑。从《清明上河图》可以看出，那时候多是一层的平房，但樊楼远远高出这些平房，站在樊楼上可以俯观京城风貌，将市井人家、繁树烟花尽收眼底。

樊楼位于东华门外景坊，紧邻皇城。当时北宋皇城城墙高不到 9 米，宫殿更低，规模也不大，樊楼已经高过了皇城。如果在刚开张的头些日子去，还能到西楼上俯瞰皇宫。

后来皇帝发现樊楼竟然比皇城还要高，认为这太冒犯天家威严了，放出话去，西楼最高一层不能上去。酒楼老板只好乖乖听话，封了最高一层，所以之后再去樊楼也就无法享受到俯视皇宫的待遇了。

作为普通顾客，就算不能俯瞰皇宫，到了酒店门口也有迎客的小二挂着一脸热情的笑容迎上来，一路引到座位上。一楼为散客大厅，樊楼的二、三层设为"酒阁子"，也就是现在的包间。若是不喜欢被人打扰或想与朋友聚会的，就跟小二说一声，小二会引着上楼去包间。

南北天井两廊皆小阁子，向晚，灯烛荧煌，上下相照，浓妆妓女数百，聚于主廊槏面上，以待酒客呼唤，望之宛若神仙。

——〔宋〕孟元老《东京梦华录》

客人点好餐后也不用闲着，可以拿这个时间来观看酒店的装潢。樊楼的布置是非常用心的，挂着精致的帘子和匾额，也就是所谓的"朱帘绣额"。酒楼还有歌女弹唱，为人们助兴解闷。

等到菜上了桌，先别看菜做得怎么样，光是盛菜的器皿，换作现代人去吃饭，恐怕都会觉得"高攀"了，因为很多大餐馆的酒壶、碗、盘是由银做的，要的就是这个奢华的 feel（感觉）。

各有金银酒器千两，以供饮客之用。

——〔宋〕周密《武林旧事》

宋朝银器的商品化已经非常普遍，一般的小酒馆使用银器也很普遍，大酒楼里还能见到金器。能在用金、银餐具的餐馆吃饭自然是社会地位的体现，社会名流常出入于此，自然对器皿有所要求，对普通人来说，在里面消费一顿还是有些"肉疼"的。

实际上菜的风味和一些分茶店做的差异并不大，甚至还没有一些小店做得独具风味，因此很多人还会托小二去外面店铺买吃的来。不过，在樊楼这样的大酒楼吃饭，吃的不光是菜肴，更是顶级的服务和气氛。

荤菜 | **羊肉吃不起，牛肉吃不到，鸡鸭猪肉管您饱**

在中国饮食文化的发展历程之中，宋朝是一道特征很明显的分水岭。从宋朝开始，中国人的饮食习惯和烹饪方式已经无限接近于现代人，很多食材的获取和处理手法也已经达到了一个相当高的水平，各种家禽家畜都已经被搬上了饭桌。

宋朝那会儿从事体力劳动的人比例大，大部分人不是在顶着寒冬酷暑的恶劣条件下地种田，就是走街串巷吆喝着做点小本买卖，再要不就是在战场上流血流汗，挣几个辛苦钱养家糊口，能坐在办公室工作的可真没多少人。这人运动量一大，对热量的消耗也就大，见到高卡路里的食物双眼都放光，像肉这种高蛋白、高热量的食物多多益善。加上那个时候生产力也低，生产的肉制品赶不上人们的需求，没法让每个人顿顿吃肉，这能天天吃肉的也算富贵人家了。因此，对普通百姓来说，逢年过节或者是手上有点钱了，能吃顿肉改善改善伙食也算一件乐事了。

不过有些肉是普通百姓很难吃得到的。这一节就来看看宋朝人平时都能吃什么肉，爱吃什么肉，以及他们能不能买得起肉。

想合法地吃牛肉？难！

看过《水浒传》的人想必对里面的好汉大口吃肉、大口喝酒的印象颇深，动不动就让店家来二斤牛肉。如果想穿越回宋朝体验一次绿林好汉的生活，要先认清的第一个现实就是：想吃牛肉，难！

随便走进汴京城的一家分茶店，让小二烫一壶热热的酒、端一碟花生米上来，嗬，别看馆子不大，菜的品种可真不少。有蒸羊羔、蒸熊掌、蒸鹿尾儿、烧花鸭、烧雏鸡、烧子鹅、卤猪、卤鸭、酱鸡、腊肉、松花小肚儿、晾肉、香肠儿、红肘子、白肘子、熏肘子、水晶肘子、蜜蜡肘子、锅烧肘子、扒肘条、炖羊肉、酱羊肉、烧羊肉、烤羊肉、清羔羊肉、五香羊肉……把肉菜看完，贯口都练出来了还没看到牛肉的影子，想吃道五香牛肉，简直难于上青天。原因非常简单，古时候的牛要用来耕地，作为重要的生产工具，耕牛的地位不亚于第一次工业革命里的蒸汽机，所以吃牛肉是犯法的，哪怕是在开放的宋朝也不例外。禁止杀牛是被明文写进官府规定的，若是有人私自宰杀牛，不仅会被处以杖刑，还要被发配充军一年。即使吃牛肉不犯法，但店家杀耕牛也是犯法的，犯不着为这一口吃的，进去蹲一年。

> 诸故杀官私牛者，徒一年半。主自杀牛、马者，徒一年。
>
> ——〔宋〕《宋刑统》

所以说，《水浒传》里描写英雄好汉牛肉配酒的场景全部都是施耐庵老爷爷编出来的，没有多少可信度。

实在馋那一口牛肉的人可能会想到，不吃耕牛那我吃草原放养的牛行不行？

这点说的倒是有可能的，澶渊之盟后，宋辽开始了长时间稳定的边境贸易，而从辽国进口的主要物资就是牲畜，其中也包括牛。但那时候甲胄、盾牌、水囊、车轮、弓箭等军备用品，都需要牛身上的牛皮和牛筋，使用的优先级更高。那时候也没有咱们现在这么通达的交通和先进的冷藏保鲜技术，没法大量从北方运牛，运送成本太高了，所以供给食用的牛肉其实是非常少的。

因此，路边的小饭馆一般是不卖牛肉的，只有在一些富裕人家的私人宴会上才能吃得到牛肉。比如苏轼、苏辙和黄庭坚这些老饕，在跟朋友聚餐和过年过节的时候肯定是要来一盘牛肉的。

> 盘飧杂梁楚，羊炙错鱼腊。

庖人馔鸡兔，家味宛如昔。

…………

酒酸未尝饮，牛美每共炙。

谓言从明年，此会可悬射。

——〔宋〕苏辙《辛丑除日寄子瞻》

酒阑豪气在，尚欲椎肥牛。

虞卿不穷愁，后世无春秋。

——〔宋〕黄庭坚《和答魏道辅寄怀十首（其二）》

除了通过和北方游牧民族贸易获得牛肉，自然死去的牛也可以吃，但老死的牛肉质不好，病死的牛食用不安全，所以也很少有人把这些牛肉作为烹饪的主材料。

总的来说，想在宋朝吃牛肉是很困难的。不过，吃不成就吃不成吧，这不菜单上还有那么多菜呢，犯不着跟一口牛肉较劲。

吃羊肉是一种风尚，但这价钱也太贵了吧！

今天想吃羊肉不要太容易，打开各种美食 APP（手机软件），方圆五公里内的火锅店、烧烤店遍地皆是，价格也在大家可以承担的范围之内。只要你愿意，可以早上喝羊肉汤，中午吃羊肉手抓饭，晚上吃涮羊肉，一天三顿吃羊肉都不会重样。

然而在宋代，想吃到羊肉却不是一件容易的事情。对于大多数普通人来说，羊肉就是肉食中的"爱马仕"，是可望而不可即的肉中王者。

吴中羊价绝高，肉一斤为钱九百。

——〔宋〕洪迈《夷坚丁志》

原因很简单，羊肉太贵了！一斤肉就要900文，那时候一个小县的县令每月工资才十几贯，也就只够买20斤羊肉的。更不用说普通百姓了，对农民来说实在算奢侈消费了。

羊肉价高的原因主要是供给不足。没有足够的草原来放牧，全靠边境贸易输送，宋仁宗、英宗时，朝廷每年都要从河北榷场进口数万匹契丹羊，更加坑爹的是，这些进口的羊到了牛羊司的时候就已经死损过半，可能最后能供给皇帝吃的最多也就剩下一半的数量了。

但是宋朝人又非常爱吃羊肉，认为羊肉是最美味的肉品。从宋朝的开国皇帝赵匡胤开始，就酷爱吃羊肉，规定御膳的肉品只能用羊肉做，他宴请吴越国君主钱俶的第一道菜"旋鲊"，就是用羊肉制成的。

宋哲宗在位期间，吕大防劝谏他不要吃奇珍野味时提出，御膳的肉品只能用羊肉做，这是祖宗规定的家法，也是宋朝长久太平的原因之一。

> 饮食不贵异味，御厨止用羊肉，此皆祖宗家法，所以致太平者。
>
> ——〔宋〕李焘《续资治通鉴长编》卷四百八十

啧啧啧，这个政治觉悟可就太高了。

而大宋第一暖男宋仁宗，也曾经半夜饿得翻来覆去，想吃烧羊肉想得睡不着，但又担心自己吃这一次烧羊肉，会在宫中成为定制，御厨大叔就会天天杀羊给他当夜宵，不仅自己会长胖，而且还会损害很多小羊羔的生命，忍耐再三，他还是放弃了吃烧羊肉的决定。

随着王朝的传续，嗜吃羊肉的习惯愈演愈烈，到宋神宗的时候，皇室一年要吃掉近 43 万斤羊肉，平均一天就要吃 1178 斤羊肉，皇室的肉食消费几乎都被羊肉承包了，鸡鸭鱼肉什么的统统靠边站。

为什么皇室这么喜欢吃羊肉？因为当时的人认为羊肉具有益气健力、壮阳益肾、安心止惊的功效，有助于身体康健。

人参补气，羊肉补形，补中益气，安心止惊，开胃健力，壮阳益肾。

——《经史证类备急本草》

羊肉，味甘，大热，无毒。主缓中，字乳余疾，及头脑大风汗出，虚劳寒冷，补中益气，安心止惊。

——《重修政和经史证类备用本草》

在这种认知下，民间也非常流行吃羊肉，翻着花地琢磨羊肉的做法。鼎煮羊、旋煎羊、烧羊肉、乳炊羊、羊四软、酒蒸羊、绣吹羊、五味杏酪羊、细抹羊生脍、鳖蒸羊、羊脂韭饼、羊肉馒头……每一样都能找到它的拥趸。

当时也有现代人所喜欢的水煮羊肉和涮羊肉。把准备好的羊肉和蔬菜倒砂锅里，将水煮沸，就是美滋滋的一顿火锅了，蘸上芝麻酱，风味十足。不过想吃辣锅的读者恐怕要失望了，因为辣椒从明朝才传入中国，这时候还吃不到。但清水锅也有清水锅的好，可以更好地吃出羊肉原本的鲜味。

如果吃不起羊肉也没有关系，就蛋白质和其他营养物质的含量来说，猪肉和鸡鸭肉不香吗？何必单恋一枝花呢。

鸡鸭猪肉，最亲民的肉食

在宋朝，猪肉可以说是非常便宜的肉食了。因为那时候猪没阉割过，肉腥味儿大，上流社会的人嫌它四处打滚儿不干净，不爱吃。即便是苏轼，也是在被贬官落魄之后，方才降下身份，做一锅东坡肉的。

因为爱吃猪肉的人少，也就很少有人研究它怎么烹饪，这就造成了一种很矛盾的现象，猪肉价格很亲民，但寻常老百姓还是没有能力把它做得好吃，这就造成了从上到下都没人喜欢吃猪肉的现象。

后来，猪肉在宋朝能得到普及，很大一部分原因是猪肉爱好者和大文学家苏轼的大力推广。当年他经历过乌台诗案左迁到黄州，掏钱买下一所小房子后，几乎陷入破产的窘境，每月的工资都想尽办法一分钱掰成两半花。

每月初一，家人取出 4500 文，分成 30 份，每份 150 文，一串一串地挂在屋梁上，每天早上用叉挑下一串，这就是一家人的消费了。如果有盈余就放置到一个大竹筒内存起来，用来招待宾客。

从当时苏轼的日常饮食来看，是真的穷啊。春天下雨的时候，厨房里空荡荡的，什么好吃的都没有，只好煮些蔬菜，在破灶里用湿芦苇烧着。为了满足自己的口腹之欲，东坡居士充分利用每天 150 文的开支，寻找一些便宜的"平替"来让自己吃上肉，于是就瞄上了猪肉，并写出了那首《猪肉颂》：

净洗铛，少著水，柴头罨烟焰不起。待他自熟莫催他，火候足时他自美。

黄州好猪肉，价贱如泥土。贵者不肯吃，贫者不解煮。

早晨起来打两碗，饱得自家君莫管。

——〔宋〕苏轼《猪肉颂》

为了把猪肉做得好吃，苏轼也是颇费了一番心思的。东坡肉就是在这个时期诞生的。他将肉切成方块，加入酱油红烧，烧得红酥酥的，色如玛瑙，肥而不腻，再加入浓油赤酱有效掩盖住猪肉的腥味。后来一经推广，成了现代人下馆子爱点的肉菜。

事实上苏轼早上起来吃两大碗东坡肉的日子没过几天，就又开始了新的流亡，并在之后的一生保持了这个节奏。

到海南的时候，当地的百姓总是推荐他吃看起来都害怕的熏老鼠、烧蝙蝠，虽然是海南当地的风味美食，但苏轼是坚定的猪肉爱好者，心心念念的都是自己独创的东坡肉。

当时他五天才能吃一次五花肉，十天才能吃一次黄鸡粥，估计也跟宋仁宗半夜想烧羊肉一样，天天想猪肉想得睡不着。

五日一见花猪肉，十日一遇黄鸡粥。

土人顿顿食薯芋，荐以熏鼠烧蝙蝠。

旧闻蜜唧尝呕吐，稍近虾蟆缘习俗。

——〔宋〕苏轼《闻子由瘦（儋耳至难得肉食）》

想猪肉的日子久了，苏轼连讲学问说的也是猪肉，在给别人正儿八经的回信中，也拿猪肉打比方，不知道毕仲举看的时候会不会被气笑。

仆尝语述古，公之所谈，譬之饮食龙肉也，而仆之所学，猪肉也，猪之与龙，则有间矣，然公终日说龙肉，不如仆之食猪肉实美而真饱也。

——〔宋〕苏轼《答毕仲举书》

对于平民来说，如果没有苏轼这么高的烹饪技巧，吃鸡、鸭肉也不错，价格适中，比猪肉价钱稍贵，但比羊肉便宜太多了。鸡、鸭做法也多，有麻饮小鸡头、炒鸡、汁小鸡、五味炙小鸡、红小鸡、脯小鸡等。拿五味炙小鸡来说吧，它是用小鸡仔和中药一起炖。小鸡的肉质更为细腻紧实，入口丝滑有嚼劲，且鸡肉性温，能益气活血，和中药一起炖，更加滋补身体。

吃鱼、蟹等水产，鲜掉舌头啦

除了家畜家禽，水产物也是宋朝的肉食来源之一。但在当时的社会，种植业是发展的主流，渔民数量并不像现在这么多，对于普通人而言，水产物并不能成为主要的食物。

不过这并不妨碍有的人嗜鱼如命，比如鲈鱼就是宋朝人的真爱，酷爱喝酒的宋朝人愿意拿美酒来换鲈鱼，可见鲈鱼之受欢迎程度。

草软沙平风掠岸。青蓑一钓烟江畔。荷叶为裯花作幔。

知谁伴，醇醪只把鲈鱼换。

盘缕银丝杯自暖。篷窗醉著无人唤。逗得醒来横脆管。

清歌缓，彩鸾飞去红云乱。

——〔宋〕史浩《采莲舞》

都说鱼羊为鲜，于是宋人琢磨出一道菜，那就是酿鱼——把鱼肚子掏空，再把带肥肉的羊肉切成丁，填充到鱼肚子里，放到火上烤得外焦里嫩，咬开金黄的外皮，羊油就流进了嘴里，可谓是鲜上加鲜。

苏轼在黄州的时候不仅创制了东坡肉，他还研究烹饪鲫鱼和鲤鱼的做法。他先是把鲜鱼放到冷水锅里，再放上盐，加入菜心和葱白开始煮，这个过程不能搅动它，以保持鱼的完整性。等半熟后，再按同样的量放入姜汁、萝卜汁、料酒这三样配料以去腥，快熟的时候放上橘皮。熟了之后的鱼汤，色泽奶白，鱼肉细腻，最大程度保留了鱼的鲜味，还清淡健康。

除了鱼，像螃蟹、海螺、大虾、蛤蜊等海鲜人们也喜欢吃，其中数螃蟹是上等佳品。这又要把我们的苏大学士请出来了。他爱吃的是酒泼蟹生这道菜，即把酒腌渍入蟹肉里，将蟹肉生吃，也不管有没有寄生虫的问题了，先满足了口腹之欲再说。

溪边石蟹小如钱，喜见轮囷赤玉盘。

半壳含黄宜点酒，两螯斫雪劝加餐。

——〔宋〕苏轼《丁公默送蝤蛑》

近年来现代人热衷复刻的蟹酿橙，也是这个时期发明的。林洪在《山家清供》中写过蟹酿橙的做法：先将熟透的橙子截顶去瓤，再将蟹黄、蟹油、蟹肉放在橙子里，仍用橙顶盖回原来的地方，再放入小甑内，用酒、醋、水蒸熟。用盐拌着吃。这道菜不仅鲜香美味，而且让大家可以在味道中体验穿越宋朝之感。

在当时，蟹肉也属于一般人消费不起的菜。权贵人家爱吃，且吃得讲究，要蘸取姜末来中和蟹的寒气，且最好是留下完整的螃蟹壳，不宜敲碎，否则有失风雅。不过，不是所有人家都吃得起螃蟹的，平常人买点鱼、虾已经不错了。

宋朝的水质没有那么多工业废水的污染，因此那时的海鲜让人吃得更放心，肉的鲜味更有保证。

素食 | 边吃边减肥不是梦

在唐宋之前，普通百姓一天只能吃两顿饭，上午一顿，下午一顿，根本做不到一日三餐，只有皇上和达官贵人才有钱吃得起三餐和夜宵。

唐朝中后期，一日两餐的传统才被打破，部分居民开始一日三餐。宋朝时，农业和商业都得到了极大的发展，人们才普遍吃得起一日三餐，才有了下班之后的夜生活，才有精力在饮食上做到低调奢华有内涵。

宋朝的普通市民跟今日的年轻人一样，不习惯在家做饭，而是喜欢下馆子或叫外卖，省时省力，价格也不太贵，而且餐馆的营业时间超长，可以说是 24 小时都可以找到吃的。白天的时候有李四家、段家这种私房菜。晚上的时候夜市一直开到三更，胡饼、菜饼、灌肠、果子等吃食都是夜市上常见的。即使下雨、下雪的时候，夜市都不会关。而三更的夜市刚结束，马上卖茶的伙计就又续上了，所以大家随时随地都能找到吃的，不愿意自己做饭也可以理解了。

宋朝人吃素打卡圣地——大相国寺

在上文中，我们已经提及了宋朝人对于各种肉类的热爱，其实素食在宋朝也有大量的拥趸，不管在北宋的开封府还是南宋的临安府，当时都已经发展出了专门的素食店，向市民提供各种素食。

当时没有冰箱、冰柜等保持食材新鲜的设备，主要还是靠老祖宗的智慧——窖藏来保存食材。所以每年到了立冬的时候，万物肃杀，大雪飘飘，皇帝家里也需要提前进行食材的储藏，以备整个冬天的使用，比如西御园在立冬前五天的时候就开始用大车运进来很多食材，其中竟然还有蛤蜊、螃蟹等水产品。

但说到专业的素食店，还是得看东京的大相国寺。大相国寺里面的商店、茶坊、酒楼、饮食店都不在少数，而素食最为出名的是东西塔院。每逢斋会之日，许多人都会到大相国寺打卡。包括沈括、米芾等名人都曾经在大相国寺的古玩摊上流连忘返。赵明诚在太学的时候，就经常光顾大相国寺的书画古玩摊，还把衣服典当了去买碑帖，回家跟李清照把玩碑帖，乐在其中。相信这些人在当年也没少吃大相国寺的素斋。

宋朝的蔬菜可真不少

中国人似乎天生具备蔬菜种植的天赋，即使住进了高楼大厦，一层的居民也会想尽一切办法开辟一片属于自己的小菜园。在宋朝的时候，蔬菜在食材中的地位仅次于谷物，如果没有蔬菜，可能很多人都吃不饱饭。

从北宋开始，种植蔬菜就已经成了一种产业，有大量的农民从事蔬菜种植行业，供应城市居民的蔬菜需求，加上当时的烹饪技术也有了很大的进步，素食在以士大夫为主的社会各阶层之中都得到了认可。

对于素食的偏好似乎是一个轮回，我们的老祖宗为了吃饱饭才发明了素食的各种烹饪方法，而现代人为了让自己吃得热量低一些，也发明了以素食为主的各种轻食。

那么，当时的蔬菜主要在哪里种植呢？

1. 近郊菜圃

东京城内对于蔬菜的需求量日益增加，近水楼台先得月，在东京的近郊就诞生了大量的菜圃，方圆百里之内甚至连空置的田地都没有了。这些专业种植蔬菜的农户保证了东京城内各种饮食种类的不断发展，各种精细的蔬菜制品也在这个阶段得以出现，价格也不算太贵。

2. 房前屋后

在房前屋后种植蔬菜似乎已经成为历朝历代的传统。宋朝也不例外，当时东京的居民通常也会在房前屋后经营一小块菜地以供全家食用，如果种植的蔬菜有剩余，也可以拿到市场上销售。

到了北宋后期，甚至连衙门的房前屋后都被种上了蔬菜。当时的官员们为了缓解通货膨胀带来的生活压力，把衙门的房前屋后也开发出了菜地，不少官员还把产自衙门的蔬菜拿到市场上去卖。

1064 年，英宗皇帝甚至为衙门种菜的事儿大发雷霆。他责令全体国家干部、大小政府机关一律不得种菜、不许卖菜。皇帝不知道下面官员的难处啊，如果不是被逼无奈，堂堂国家干部怎么会想出来把办公场所当作菜圃来经营。

> 治平四年十一月，神宗即位未改元。诏："今后诸处官员廨宇不得种植蔬菜出卖，只许供家食用。"事具职田门。
>
> ——〔清〕徐松《宋会要辑稿·方域四》

宋英宗后来也意识到了这个问题，发过火之后又补了一句"只许供家食用"，也就是允许官员们在衙门里种菜，但是不让官员们把种菜作为一种挣外快的途径，只能自家种植自家吃。

3. 朝廷园苑

除民间种植蔬菜的场所外，朝廷也开辟了场地种植蔬菜，但是皇家种植果蔬，主要为了祭祀。

景祐二年（1035），宋仁宗将祭祀所用的新鲜物品定为 28 种，主要从市场购买的蔬菜包括韭、菘、笋、瓜、灰、茭等。但由于时间的关系，从市场上购买的蔬菜在祭祀之前也会出现损败的现象，这就不符合礼制了。为了确保蔬菜的新鲜，就需要玉津、琼林、宜春、瑞圣诸园及金明池后苑供应市场上买不到的新鲜蔬菜。

野菜香还是园蔬香？是个难题

如同现在一样，宋朝的蔬菜也分野菜和园蔬，野菜的主要来源是由人们在户外人工采集而来。虽然野菜属于没有农药的纯天然有机食物，但由于生产的场所和产量都不固定，所以采集起来有一定难度。

当时东京的居民常食用的野菜有莼菜、蕨菜、竹笋、荠菜、苋菜和各种食用菌等。野菜之所以可以在宋朝的素食上有一席之地，主要是当时的文化人赋予了野菜独特的文化意义，当官当烦了，或者心血来潮想退隐山林了，就会把野菜作为"退隐"的代名词，有的时候为了安慰厌恶官场是非的朋友，不用送给他鲜花，送给他野菜就行。

以苏轼为例，他的作品中有大量关于素食蔬菜的描写。吃荠菜的时候要跟肥嫩的白鱼一起蒸烂，上面撒一点碎青蒿，听着就很美味。

烂烝香荠白鱼肥，碎点青蒿凉饼滑。

——〔宋〕苏轼《春菜》

吃莼菜的时候就要跟盐豉一起搭配了，此外还要加一杯上好的葡萄酒。

每怜莼菜下盐豉，肯与葡萄压酒浆。

——〔宋〕苏轼《次韵刘焘抚勾蜜渍荔枝》

至于蕨菜，每年春天的蕨菜都会特别清甜，怎么做都好吃。但下面这首诗，更多的是在跟王安石骂架。王安石大兴变法之后，给社会某些方面带来了副作用。为什么苏轼近来三个月都没有盐吃？那就得问问王安石老兄做了些什么。

老翁七十自腰镰，惭愧春山笋蕨甜。

岂是闻韶解忘味，迩来三月食无盐。

——〔宋〕苏轼《山村五绝》

下面来看看宋朝人常吃的蔬菜有哪些吧。

1. 荠菜

荠菜是被人们广泛喜爱的一种野菜，营养丰富，维生素 C 和核黄素含量极高，虽然古代人没有意识到这一点，但并不妨碍将荠菜冠以"天然之珍"的美名。

荠菜的生长并不需要什么特殊的打理，在三四月份的田野里经常可以看到它们的踪迹，不管是做成菜粥，还是山西、陕西地区做成浆水面，抑或是做成馄饨、包子馅，都有适合它存在的场合。史达祖除喜欢吃榆钱和杏做的粥羹之外，就喜欢以荠菜花为原料做的食物。

> 宫烛分烟眩晓霞，惊心知又度年华。
>
> 榆羹杏粥谁能办，自采庭前荠菜花。
>
> ——〔宋〕史达祖《清明》

相对于鲜嫩的荠菜，陆游更喜欢老一点、已经开花的荠菜，这个时候的荠菜已经没有办法做馅儿了，只能靠一些残留的香气撑起一碗菜粥的门面。写下这首诗的时候，陆游已经是七八十岁的老头儿，试想这样一位著名的诗人，在年老的时候端着一碗菜粥构思诗歌，遇到没有煮烂的菜梗可能还咬不动，你会不会有带着他下馆子的冲动？

> 春工遇物初不择，亦秀燕麦开芜菁。
>
> 荠花如雪又烂漫，百草红紫那知名。
>
> ——〔宋〕陆游《雨霁出游书事》

2. 莼菜

莼菜是一种水生蔬菜，也叫马蹄草、水葵等，是睡莲科多年生水生草本，采摘下来可以供人们食用。单看它的样子，还是有点特殊的，它的味道也比较清新，没有太多浓烈的香味。

宋朝的士大夫喜欢莼菜，并不仅仅因为它有很高的营养价值，而是在精神层面上他们赋予了莼菜更高的地位，清淡而有清香的莼菜代表了士大夫超然世外的精神境界。

> 脍玉有名污净供，莼丝无味诳枯肠。
>
> 此君苗裔风流在，三韭何须学庾郎。
>
> ——〔宋〕吴可《友人惠笋豉》

通过食用莼菜，宋代士大夫彰显了与豪门显贵划清界限的立场，象征了自己追求清风高节的志向，所以莼菜承载了太多宋朝士大夫的自我安慰。

3. 菌类

宋朝的菌类也有不同品种，宋代陈仁玉《菌谱》记载的菌类就有合蕈、稠膏蕈、栗壳蕈、松蕈、竹蕈、麦蕈、玉蕈、黄蕈、紫蕈、四季蕈、鹅膏蕈等名品，这些菌类都因为各自特殊的香气而受到不同人的喜欢。

在众多爱吃菌类的吃货中，首推苏轼，他既会吃菌类，又善于采集菌类。有一次他与参寥大师在园中散步，恰逢园中没有什么蔬菜、水果，田地也荒废了一段时间，突然他在一棵老楮树上发现了一些黄耳菌，于是两人美美地吃了一顿蘑菇大餐。吃美了的苏轼还想到了春天漫山遍野的春笋和蕨菜，全然不顾那些已经荒了一半的田地。如果不是刚才说明了他们吃的是黄耳菌，读者们读到这里的时候，可能会怀疑他吃见手青出现幻觉了。

苏轼不仅可以把蘑菇做成菜来吃，还会把蘑菇做成馒头或者入药调养身体。在他眼里，只有笋做成的饼可以与蘑菇做成的馒头相提并论，其他的美食都不值一提，在身体出了一些小结节的时候，他也会寄希望于通过多吃菌类蘑菇来恢复身体健康。

> 天下风流笋饼餤，人间济楚蕈馒头。

——〔宋〕苏轼《约吴远游与姜君弼吃蕈馒头》

在宋朝的时候，人们就已经发明了处理蘑菇毒素的方法。比如将鹿花菌晒干用开水煮，可以去除毒素，将竹荪的头部切去可以去除毒素。在吃的问题上，不管是宋朝人还是现代人，总是可以发挥无限的聪明才智，尤其是对于菌类这么鲜美的食材，务必吃之而后快。

4．竹笋

与莼菜类似，宋朝的士大夫也因为竹笋清雅高洁的气质而将其推上了神坛。在他们眼里，食荤食意味着粗鄙庸俗，而食蔬菜素食则意味着清淡高雅，竹又与君子的品性十分相配。

上文中提到苏轼最爱的笋饼餤就是用竹笋做成的一种食物，类似现在的大饼卷菜。饼餤是将面粉和匀后烙制成薄饼，再加以肉馅卷成圆桶状，吃的时候横切即可。笋饼餤就是在肉馅里再夹上竹笋，一方面口感更加清爽可口，另一方面可以中和肉馅的油腻，符合宋朝人对于饮食清淡的要求。

除了笋饼餤，苏轼还喜欢把竹笋和鱼一起搭配着吃，他去黄州当官没多久，就惦记上当地的长江鱼和竹笋了。

> 长江绕郭知鱼美，好竹连山觉笋香。

——〔宋〕苏轼《初到黄州》

除了苏轼，黄庭坚也是一位妙人。其他的诗人很多都是借食用竹笋来彰显自己高尚清雅的品格，但黄庭坚基本就是单纯的吃货了。他在京城当官的时候，因为竹笋太贵了买不起，等到了南方，厨房里随处可见竹笋的踪迹，跟菌类、禽肉、鳖肉等其他食材混搭起来，不要太鲜美哦。

洛下斑竹笋，花时压鲑菜。

一束酬千金，掉头不肯卖。

我来白下聚，此族富庖宰。

茸栗戴地翻，毂觫触墙坏。

鱼鱼入中厨，如偿食竹债。

甘菹和菌耳，辛膳腌姜芥。

烹鹅杂股掌，炮鳖乱裙介。

小儿哇不美，鼠壤有余蜡。

可贵生于少，古来食共嘖。

尚想高将军，五溪无人采。

——〔宋〕黄庭坚《食笋十韵》

可见在宋朝，竹笋作为蔬菜中的扛把子，地位不是白来的，凭借脆嫩清爽的口感，它不仅可以跟各种食材搭配，还让自己在蔬菜界成为宋词之中当之无愧的"C位"（中心位置）。

限制厨师发挥的不是厨艺，而是电冰箱

宋朝时素食的做法其实还是相对比较单调的，这主要是因为没有冰箱等可以长时间保鲜的手段。为了在冬天这种没有时令蔬菜的季节也能有几口清爽的小菜吃，当时的人们主要通过腌渍、干制和做汤等手法来处理蔬菜，借助各种盐、酒、酱、醋、糖等调料赋予蔬菜各种不同的味道。

腌渍工艺包括盐渍和酱腌，盐渍主要是以盐为主要原料处理各种蔬菜，类似于如今的腌咸菜，如腌榨菜、大头菜，颜色还能看得出来几分蔬菜原有的颜色；而酱菜则是用酱制品腌制菜，如今也能在各种酱货摊上看得到，宋朝时夜市上经常会出售此类小菜，比如辣脚子姜、辣萝卜、梅子姜、莴苣、笋、辣瓜儿等。

干菜是把蔬菜的根、茎、叶、花、果、种子经过晒干或者风干而制成的产品，也是在蔬菜的旺季制作并储存，以备不时之需。

做汤呢，除了将时令蔬菜做成汤，人们也可以把干菜和腌渍的菜当作原料来做汤。宋朝的汤羹是很有名的，比如盐豉汤、荔枝圆眼汤、缩砂汤、无尘汤、木星汤、木香汤、香苏汤、紫苏汤、干木瓜汤、湿木瓜汤、白梅汤、乌梅汤、桂花汤、豆蔻汤、破气汤、玉真汤、薄荷汤、枣汤、快汤、厚朴汤、益智汤、仙术汤、杏霜汤、生姜汤、胡椒汤、洞庭汤等，数都数不过来。

而在春、夏、秋三季，由于一直有时令蔬菜上市，各种烹饪手段也就大展身手了，煎、烤、炙、炸、煮、蒸、炒、煨、熬、烧、燣、焐、熏、焙、燠、氽等数十种手段轮番上阵，务必让食客扶着墙进店，扶着墙出店。

爱吃素食的风气不仅让宋朝的平民百姓填饱肚子、补贴家用，也是宋朝饮食文化的一个重要特点。

| 饮酒 | 宋代黄酒 vs 现代白酒，
你会选择谁？ |

唐宋不少文人都写过有关饮酒的诗词，可见那时酷爱喝酒的人不在少数，而且这些人一喝就是"三百杯""几千斗"的来喝。

> 烹羊宰牛且为乐，会须一饮三百杯。

> ——〔唐〕李白《将进酒》

古人写诗词常用夸张的手法，说是喝了三百杯，可能还需要在这个基础上打个三折。另外，宋朝的黄酒和现代的白酒做法不太一样。现代的白酒是蒸馏酒，原料是高粱，度数更高，二十多度到六十多度的都有。宋代的黄酒是酿造酒，把稻谷蒸熟后拌上酒曲后发酵，度数很低，大多在十多度。虽然一般人喝三百杯有点困难，但平时小酌喝个十几杯还是没什么问题的。

正因如此，在宋朝的时候，从社会上层至下层，酒都是一种很普遍的饮品，主要可以分黄酒、果酒、配制酒和白酒四大类。

一饮三百杯的黄酒度数并不高

上文中提到的黄酒主要是以谷类为原料，但也不是固定不变的，比如南方经济发展跟上来了，糯米就取代黍、秫等成为主要的造酒原料，至于曲法、酒式之类的，都依据当地的酿造习惯而定。

> 自春至秋，酝成即鬻，谓之"小酒"，其价自五钱至三十钱，有二十六等；腊酿蒸鬻，候夏而出，谓之"大酒"，自八钱至四十八钱，有二十三等。凡酝用粳、糯、粟、黍、麦等及曲法、酒式，皆从水土所宜。
>
> ——〔元〕脱脱等《宋史·食货志》

吃完饭菜后，坐在酒楼里，白陶杯里盛七分满的黄酒，色泽橙黄，略有浑浊。鼻尖萦绕着酒香，浅饮一口，味道不算浓烈却非常甘醇，喝起来比现代白酒会甜一些，也比现在的常温酒热一点。因为宋朝人喜欢喝热酒，觉得这样对身体好，所以一般上桌的酒都是先烫好的，酒壶有保温的效果，因此喝下去多觉得胃很暖和。

相对于现代的白酒，黄酒口味更偏滑辣。《水浒传》里武松醉打蒋门神之前说："遮莫酸咸苦涩，问甚滑辣清香，是酒还须饮三碗。"侧面体现出辣味重的酒在宋朝也是蛮普遍的。

《北山酒经》记载宋代黄酒的做法要经过以下几步：卧浆、淘米、煎浆、汤米、蒸醋糜、用曲、合酵、酴米、蒸甜糜、酒器、上糟、收酒、煮酒等。其中的每个环节和原料都会对最后黄酒的品质造成影响。

一看原料，也就是这米选得好不好，最好的是稻米，黍米就差了一些。

二看水，最好的当数绍兴的鉴湖水。一方水土酿一方酒，茅台镇用赤水河的水酿了茅台酒，绍兴也用鉴湖水酿出了绍兴黄酒，直到如今，大家提起黄酒第一时间联想到的地名还是绍兴。

三看酒曲，酒曲在发酵中起糖化和醇化的作用，不同的酒曲能发酵出不同风味的黄酒。

这么一番操作下来，好一点儿的黄酒杂质少，酒会比较清澈透明，质地比较黏稠，口感会非常厚重芳醇；品质差一些的会有更多的浑浊物漂浮在上面，口感单薄了许多。

果酒和药酒也很流行

黄酒之外，宋朝也流行喝果酒和药酒。果酒，顾名思义是用果子发酵酿造的酒。宋代果酒包括葡萄酒、蜜酒、黄柑酒、椰子酒、梨酒、荔枝酒、枣酒等，其中以葡萄酒的产量较多。北宋吴坰在《五总志》中说："葡萄酒自古称奇，本朝平河东，其酿法始入中都。"河东地区盛产葡萄，也是葡萄酒的主要产区。说不定，那个"沉醉不知归路"的少女李清照喝的正是清甜的果酒，喝得小脸通红，兴致来了连太阳落下都不愿归家，划船惊起一滩水鸟。

而陆游喝果酒的时候就比较显摆了，在他眼里，喝葡萄酒可以同穿貂鼠裘相提并论，足见当时果酒的价格还是挺高的，按照貂鼠裘的价格来算，估计丝毫不比如今 1982 年的拉菲档次低吧。

> 槁竹干薪隔岁求，正虞雪夜客相投。
>
> 如倾激激葡萄酒，似拥重重貂鼠裘。
>
> 一睡策励殊可喜，千金论价恐难酬。
>
> 他时铁马榆关外，忆此犹当笑不休。
>
> ——〔宋〕陆游《夜寒与客烧干柴取暖戏作》

但宋代的果酒制作技术还比较原始，在酒类消费中的比例不大。因为依靠自然发酵来酿制梨酒、石榴酒、橄榄酒尚处在较原始的阶段。而用谷物酿酒法酿制葡萄酒、黄柑酒、荔枝酒一类的果酒，又破坏了果酒的原有风味，所以在整个宋朝，果酒都没有大规模的发展。

除了果酒，宋朝人还会做很多滋补型的药酒，如鹿胎酒、菊花酒、海桐皮酒、蝮蛇酒、地黄酒、枸杞酒、麝香酒等，估计也有上百种之多。古今之人，在养生这件事情上，都是异常认真的，不管把蝮蛇或者麝香此类东西泡进酒中有没有疗效，但在喝下肚子的那一瞬间，似乎就已经增强身体抵抗力了。

此白酒非彼白酒也

我们来看一下宋朝的白酒跟现在的白酒有什么不一样。据李时珍关于"烧酒，非古法也"的记载来看，宋朝没有蒸馏酒，都是酿造酒，当时对白酒的称呼是蒸酒、烧酒、酒露等。

当时之所以称其为白酒是因为制酒的酒曲是白色的，制好的酒品色泽也是白色。

之所以又称为烧酒呢，是因为需要用炭火烧烤，靠高温把酒液里的微生物统统杀死。把成品酒烧出浓浓的糊香味，延长其保质期，所以又叫作"烧酒"。

不管是白酒还是烧酒，都不具有蒸馏酒的性质，所以宋朝的白酒度数仍不会太高，一般是民间酿来做饮品的，比黄酒和果酒的流行度相对差了一些。

在上述这些酒的种类中，也涌现出了一批名酒。如宋英宗高

后家的香泉酒、宋神宗向后家的天醇酒、宋徽宗郑后家的坤仪酒、宋徽宗钟爱的儿子郓王赵楷府的琼腴酒、宠臣蔡京家的庆会酒、宦官童贯家的褒功酒、梁师成和杨戬家的美诚酒等。从这些名酒的酿造方来看，都是跟皇帝或者达官贵人有关系的人家。

光喝酒觉得无聊？和朋友凑个桌游局

一个人喝酒总觉得差了点儿意思，叫上二三好友一起痛饮畅谈更痛快。让小二上一壶酒，往各自酒盏里盛个七分满，就可以一边儿喝酒一边儿谈天了。若还觉得不过瘾，就可以行酒令划拳助兴。

九射之格，其物九，为一大侯，而寓以八侯。熊当中，
虎居上，鹿居下，雕、雉、猿居右，雁、兔、鱼居左，而

物各有筹。射中其物，则视筹所在而饮之，射者所以为群

居之乐也。

——〔宋〕欧阳修《九射格》

欧阳修喜欢玩的一种酒令叫作九射格，即拿一个圆盘做靶子，圆盘的中心画着熊，圆盘的一周画好老虎、鹿、兔子等八种动物。靶子做好后还要做酒筹。酒筹用竹签制成，每个动物都有对应的三支酒筹，上面写好惩罚对象和惩罚方式，比如说"年幼者慢喝"。此外还需要"探筹"，做一个竹筒和9个竹片，竹片上分别刻上圆盘上的九种动物名称，再放进竹筒里让大家抽取，抽到什么动物就负责相应的动物。每个人负责一到多种动物，视到场宴饮的人数而定。

最后便是饮酒环节，第一个射箭的人如果射中的是九射格中老虎的图案，那么负责老虎的人就要走上前去，从属于老虎的三支酒筹中抽取一支，酒筹上写着什么都要按规定照做。

九射格是偏武的一种助兴游戏，偏文的游戏则是飞花令了。酒宴上由第一个人开头，吟诵一句以"花"为第一个字的诗句，吟出来了就下一位，吟不出来就自罚一杯。下一个人吟诵一句以"花"为第二个字的诗句，规则同上。依次轮下来，等"花"在第七个字的位置时则一轮完成。

　　如果宋朝的大文学家坐在一起玩这个游戏会发生什么有意思的事情呢？可以想象这样一个画面：苏轼、辛弃疾、欧阳修、范成大、梅尧臣、张先这些宋朝文学史上排得上号的人齐聚一桌。

　　苏轼咳嗽一声："我先来给大家献个丑，花褪残红青杏小。"

　　大家齐声喝好。范成大憨厚一笑："我来给大家一句接地气的，麦花雪白菜花稀。"

　　大家又连声称赞，欧阳修摸了摸自己的胡子："今年花胜去年红。"

　　排在下一位的梅尧臣看着外面的暮春景色不禁心生惆怅，吟了一句："落尽梨花春又了。"

　　辛弃疾感受到了有些沉闷的气氛，紧接着说了一句："大家开心开心嘛，东风夜放花千树。"

　　张先等了大半天，终于等到自己了，马上接上："无人尽日飞花雪。"

　　这么轮了一圈，又到苏轼了："簌簌衣巾落枣花。"

　　如果让这几位一起玩，这么一轮一轮下来，估计通宵达旦都停不下来。

　　在宋朝之前，古人边喝酒边玩乐的风气早已有之。到了宋朝，这种风气得到进一步的发扬光大，玩法更加丰富了。

皇帝也喜爱喝小酒，开派对

不光是平民百姓，皇帝也喜欢喝酒。赵匡胤就曾经因为沉迷于喝酒宿醉而后悔，可见酒的魅力之大。

朕每因宴会，乘欢至醉，经宿，未尝不自悔也。

——〔宋〕司马光《涑水记闻》

在宋朝，皇帝也不是天天都能够喝酒，即使是宋太宗这样的皇帝，从春天到夏天都没有饮过酒，一直到了冬天，大雪纷飞，才找个理由和近臣们喝一次酒。

总的来说，主要是在以下两种场景皇帝才能稍微放肆地喝点酒。

第一种是曲宴。皇帝没什么事的时候就开个 party（派对），喝个小酒，赏个花，钓个鱼，写个诗，和大臣一起 happy（开心）一下。每年都有几次曲宴，大臣们也算是跟着皇上享了口福，能多喝几次酒。

上文提到，赵匡胤后悔的"每因宴会"也是指这种曲宴。不过，对皇帝来说曲宴也必不可少，既能让自己不那么孤独寂寞，也能及时和大臣巩固感情，了解臣子的思想动向。

另一种是节日赐宴。大大小小的节日皇帝都会举办宴会，这些宴会比起曲宴就正式多了。尤其几个重要的节日，如春节、清明节、冬至的时候，皇帝都会举办比较盛大的宴会和臣子一起喝酒。这种宴会的娱乐色彩就相对淡很多了，更多是礼仪性的。喝完酒后，皇帝还会对一些功劳卓著的臣子进行赏赐。在发年终奖和节日福利这方面宋朝皇帝可从不吝惜，从金银珠宝到吃喝点心都少不了的。

上述两种情况，如果恰逢灾荒之年，是要无条件取消的。从这个层面来说，宋朝的皇帝在喝酒这方面还是比较克制的。

在宋朝，酿造的黄酒和果酒虽然没有蒸馏的白酒度数高，但后劲儿还挺大的，喝的时候可能觉得还好，喝完过了一阵子人会越发觉得晕晕乎乎，不知天上人间，意欲登仙。小酌虽好，喝多了却会伤身。

宋朝时尚博主速成攻略，

引无数男子竞折腰

<table>
<tr><td>面妆</td><td>粉底、面霜怎么买？
由内到外打造汴京城万人迷</td></tr>
</table>

与唐代以丰肥为美的审美不同，宋朝的女子多以娇柔、轻弱为美。这与当时的女性地位有着直接的关系，唐朝的时候还出了一个武则天当女皇帝，宋朝的女子则被定义为应该是温柔、美丽、纤弱的，这也让宋朝的女子在化妆时多以清新淡雅的妆容为主。

跟现代的化妆步骤比较类似，宋朝的女子也是先打粉底，再涂腮红、画眉和涂口红，从这个流程来看，她们对于面妆的专业程度一点都不亚于现代人。

铅粉、水粉、铅华，傻傻分不清楚

宋朝的粉底也被称为"水粉"。因为当时的女子多用铅粉修饰面色，而铅粉的主要成分是碱式碳酸铅，必须加水调和，所以又叫"水粉"。所有的水粉之中，最受大家欢迎的是产自广西的桂粉，一经推出便受到宋朝女性的广泛推崇，一时之间成为粉底界的网红品牌。

> 铅粉，桂州所作最有名，谓之桂粉。其粉以黑铅著糟瓮罨化之。
>
> ——〔宋〕范成大《桂海衡虞志·金石》

用铅粉美白是化妆最重要的一步，有时甚至不上其他妆，就只用水粉就可以出门了。面色白嫩，整个人都会显得更有气色，只需要挽一个简单的发髻，就可以出门跟小姐妹一起逛街了。

> 宝髻松松挽就，铅华淡淡妆成。青烟翠雾罩轻盈，飞絮游丝无定。
>
> ——〔宋〕司马光《西江月》

但是由于铅是一种有毒金属，长期使用会使面部发青或发黑，所以宋人还会用石膏、滑石、蚌粉、腊脂、壳麝去调制粉底。

《事林广记》中还记载了一种叫玉女桃花粉的水粉。单看这个名字就已经觉得很上档次了，再看看原料，就更觉得奢华不低调了，其成分主要有益母草、蚌粉、胭脂等原料，其中的益母草还必须是在端午节采摘，然后晒干烧成灰，再用稠米汤揉成丸，用熟炭火煅烧一昼夜，这么烦琐的步骤完成之后再取出捣碎。据说此粉能"去风刺，滑肌肉，消瘢点，驻姿容"。不知道这水粉是不是真的有祛斑嫩肤的效果，反正之后明朝修《永乐大典》的时候把玉女桃花粉的配方传下来了。

> 益母草……端午间采晒烧灰，用稠米饮搜团如鹅卵大，熟炭火煅一伏时，火勿令焰焰。即黑，取出捣碎，再搜炼两次。每十两别煅石膏二两，滑石、蚌粉各一两，胭脂一钱，共研为粉，同壳麝1枚入器收之。大能去风刺，滑肌肉，消瘢点，驻姿容。
>
> ——〔明〕《永乐大典》卷六千五百二十三

用墨画眉，宋朝人还挺前卫的

打完粉底之后，下一步就是画眉。在宋朝时没有眉笔和眉刷这些工具，一般画眉是把原本的眉毛刮去，再用墨来描摹。这种画眉的方法还是挺彻底的，离现代的文眉技术就一线之隔了。

> 宋代妇人多削去眉毛，以墨画之，盖古法也。
>
> ——〔宋〕朱翌《猗觉寮杂记》

秦观曾经在词中通过对女子妆容的描写，刻画出一位眉目娟秀，薄施脂粉，身穿揉蓝衫、杏黄裙的女子，独自倚栏，默默无语地等待着意中人的景象。

> 香墨弯弯画，燕脂淡淡匀。揉蓝衫子杏黄裙，独倚玉阑无语，点檀唇。
>
> ——〔宋〕秦观《南歌子》

从词中我们也可以看出这名女子是使用墨来画眉。宋朝画眉的方法跟现在的差别不大，画眉样式也很多。单在西蜀地区就有10种画眉样式，如御爱眉、小山眉、五岳眉、垂珠眉、月棱眉、分梢眉、涵烟眉等，唐朝时，唐玄宗命画工绘制了一本册子叫《十眉图》。

宋朝有个叫莹姐的名妓，就特别擅长画眉，每天换一种式样，绝不重复。很多文人骚客奔着莹姐的眉毛也会专程来看一趟，其中有位叫唐斯立的文人就调侃她："西蜀有《十眉图》，你爱画眉成癖，简直可作百眉图了。"可见《十眉图》也算不了什么，高手在民间，一年365天不重样画眉都可以做得到。

胭脂的名字竟然是这么来的

抹胭脂通常是女子日常化妆的最后一步，宋代的女子化妆也是用胭脂来做最后的修饰，在粉底的白色基调上，辅以胭脂的红色，白里透红，显得气色很好。

当时的女子对胭脂的需求量一点都不亚于水粉，所以大家平时才将二者并列称为"胭脂水粉"。大街上也有专门卖胭脂的铺子，有的也都做出了名牌效应，比如《梦粱录》中记录的修义坊北张古老胭脂铺与染红王家胭脂铺。

至于这两家胭脂铺为什么这么有名气，独门秘方现在已经无法得知，但古人调制胭脂的主要原料还是有章可循的，大多数采用的是红蓝花的汁液凝结之后的产物。红蓝花即红花，《古今注》称其产地为燕国，所以称为燕支，后来大家又改称胭脂。

制作胭脂的方法也比较复杂，要先把花瓣捣碎后用清水淘洗，滤掉黄汁，再进行暴晒，这样处理过的胭脂颜色更加鲜艳，然后才进入正式的制作胭脂程序。

陆游在他的诗歌里也曾经提到了"燕脂"，可见当时用红蓝花作为胭脂的原料，已经成为一项常识。

风雨长亭话别离，忍看清泪湿燕脂。

——〔宋〕陆游《范舍人·风雨长亭话别离》

也有人用一种叫作紫铆的植物分泌物制作胭脂。紫铆又叫胶虫树，主要分布于中国及亚洲热带地区，广东地区的人们在很早就发现了紫铆的分泌物可以用来制作胭脂。

说完了粉底和胭脂，这里要给一些不太了解化妆的男性朋友科普一下，作为化妆过程中两个最重要的步骤，粉底和胭脂的搭配比例和先后顺序都有严格的要求，如果比例和顺序不同，就会出现不同的妆容效果。

比如先涂粉底，再抹胭脂，这就属于比较经典的化妆步骤，可以达到看起来白里透红的效果。一贯会说甜言蜜语的晏殊把这种妆容形容为醉酒后的红晕，美丽得像霞光一样，真是张会说话的嘴，难怪写下了那么多美妙的宋词。

> 玉碗冰寒滴露华，粉融香雪透轻纱。晚来妆面胜荷花。
>
> 鬓嚲欲迎眉际月，酒红初上脸边霞。一场春梦日西斜。
>
> ——〔宋〕晏殊《浣溪沙·玉碗冰寒滴露华》

再比如胭脂涂抹的比例不同，也会出现不同的妆容效果，用大量胭脂画出来的浓妆称为酒晕妆，用少量胭脂画出来的称为桃花妆，先涂红妆再上粉妆则被称为飞霞妆。能把涂抹胭脂也划分出这么多的手法，想必宋朝的小姐姐们一定花了不少心思在里面，如果当时有短视频或者微博之类的传播渠道，能发明酒晕妆、桃花妆、飞霞妆的人一定可以成为一名人气很旺的美妆博主。

千万别被古装剧的口红给骗了

涂口红也是现代人比较熟悉的一个化妆步骤，尤其在最近几年，口红的各种色号已经成为年轻人讨论的热门话题之一。有的色号还会被各种炒作，超出原价数倍不止。

我们一般从古装电视剧中很难看到古代有什么口红，好像女子们都是双唇抿一下红纸就出来了很好看的唇妆，其实这真的是太低估古人的智慧了。

古人用的口红跟现在大家化妆包里的口红差不多，也是膏状，主要以蜂蜡为原料，以紫草、朱砂染色，用小竹筒为模具，把上述原料制作成圆柱形的口脂，便可以使用了。如果一个宋朝女子从口袋里掏出来一只小圆筒造型的口红，你完全不用惊讶，只要模具给力，宋朝人在唇妆上可一点都不落后于现代人。

跟现在一样，好的口红品牌也会比较昂贵，因为朱砂的原料价格本身就比较高，一般的家庭很难承担起这美丽背后的价钱，同时朱砂制成的口红持久性不好，还有毒性，长期使用会对人身体造成伤害。于是化妆品专家们又开始研究新型口红，不仅要安全、要持久，还要照顾到老祖宗们对纯天然制品的追求。所以在上一代口红产品的基础上，又加入了各种染色剂、增香剂、增稠剂、润滑油等。

比如染色剂就选用了红蓝花。红蓝花本身就有活血化瘀、祛瘀止痛的功效，把摘下的红蓝花在石钵中反复用杵捣烂，然后去除其中的黄汁，就是上好的天然染色剂，这种方法我们在上文已介绍过。

增香剂是选用玫瑰花、茉莉花等各种天然花卉制成的香料，增稠剂和润滑油则选用了粟饭浆水、醋、牛髓、猪胰等原料，最后制成的口红颜色持久，很受宋朝女子的喜爱，一上市就成为断货王。

说完了口红原料，再说说宋代的唇妆，跟前面几个朝代一样，唇妆颜色仍然以红色为主。这么看起来还是有点奇怪的，因为宋朝流行的面部整体妆容走的是小清新路线，而唇妆却和前朝一样，一时之间也让人有点捉摸不透。

唇色方面，现在的口红分为姨妈红、豆沙红、西柚色、正红色等，宋朝唇妆的红色一样分为很多种，比如绛红、檀红、朱红、猩红等，而且每一种红色都有大批的爱好者，假使当时有死亡芭比粉的色号，估计宋朝人也会甘之如饴。

混迹于美女圈的风流才子柳永对这些唇妆了然于心，他心中的世间尤物，心性温柔，品流详雅，笑起来的时候要把唇遮起来，显得更加娇羞动人，不管唇妆是朱红还是檀红，反正半遮起来就对了。

世间尤物意中人。轻细好腰身。香帏睡起，发妆酒酽，红脸杏花春。

娇多爱把齐纨扇，和笑掩朱唇。心性温柔，品流详雅，不称在风尘。

——〔宋〕柳永《少年游·十之四·林钟商》

也有喜欢猩红色口红的诗人，这个色号其实一般人还是很难驾驭的，所以诗人们只能用拟人的手法借牡丹来表达对这个色号的偏爱了。

洛苑旧移仙谱，向吴娃深馆，曾奉君娱。猩唇露红未洗，客鬓霜铺。兰词沁壁，过西园、重载双壶。休漫道，花扶人醉，醉花却要人扶。

——〔宋〕吴文英《汉宫春·夹钟商追和尹梅津赋俞园牡丹》

根据不同的红色，宋朝女子在涂抹口红的力道上也有所不同，比如有的女子喜欢胭脂抹得浅一点，而口红涂得重一点，以突出唇彩在面妆中画龙点睛的作用。

不同的女子根据不同的化妆风格和场合，也都会有不同的搭配，这使得宋朝时候女子面妆愈发精致。爱美之心人皆有之，宋朝的小姐妹们在爱美之心的驱动下，发明了种种不同的面妆手法，也为后世积累了不少的美妆经验。

宋朝时的化妆工具、流程和技巧固然有跟现代相似的地方，但是时过境迁，很多化妆手段随着人们审美的变化和化妆工具的进步，也慢慢进入了故纸堆。

对于这些化妆技法，我们经常在古诗词里听到、看到，也曾千万次想象过它们会是什么样子，但毋庸置疑的是，它们只可能出现在各种古装剧里，再也不会出现在现实生活中了。

"当窗理云鬓，对镜贴花黄"，贴的是个啥？

在《木兰辞》中，有一句"当窗理云鬓，对镜贴花黄"。这里所说的花黄就是额黄。额黄是一种女性面额妆饰方式，又称"鹅黄""鸦黄""约黄"等，主要是将额部涂黄，在隋唐五代时期尤为盛行。

据说，额黄的兴起与佛教在中国的广泛传播有着密切的联系。魏晋南北朝时期，佛教在中国境内日益兴盛。当时全国上下盛行修建寺院，开凿洞窟，为佛祖修建金身，当时的妇女在涂金佛像上受到了启发，也将自己的额头涂成黄色，久而久之就形成了习俗。

额黄妆主要有两种画法。一种是用笔蘸取黄色的脂粉涂在整个额头上，或者涂半个额头，再蘸上清水使这些黄色的脂粉晕染开来，形成由深到浅的视觉效果，这种额黄的画法称为"染画法"，额头上渐变的额黄也被人们称作"约黄"。总体来说，这是比较考验女子化妆技术的一种画法，如果晕染的熟练度不够，就容易出现有的地方太深、有的地方太浅的效果。

第二种画法类似于现在的文身贴，是直接将金黄色的纸或者金箔剪成一定的图案粘贴在额头上，这种画法极大地降低了额黄妆的化妆难度，卸妆的时候也比较方便。

宋代的时候，额黄妆依然盛行在女子之间。在宋人诗词当中，月宫中的仙子化的也是额黄妆，在水边微微一笑，方圆十里之内都是清香。

> 瑟瑟金风，团团玉露，岩花秀发秋光。水边一笑，十里得清香。疑是蕊宫仙子，新妆就、娇额涂黄。霜天晚，妖红丽紫，回首总堪伤。
>
> ——〔宋〕向子諲《满庭芳·岩桂芟林改张元功所作》

染画法最早是在宫廷的女眷之间流行，也被称为"约宫黄"，后来才逐渐在民间流行。周邦彦曾经在词中写过，当他旧地重游时，想起来那位玲珑娇小的旧情人，回忆中的画面就是倚门观望的女子前额头上抹着淡淡的约宫黄，扬起彩袖来遮挡晨风，发出银铃般的笑语。

眉中间有个红点，不，那是花钿

跟额黄比较类似的是花钿，又叫花子，两者的主要区别是化妆部位和形状不同。额黄是涂满额头，而花钿是粘贴在面颊和眉心；额黄通常没有什么图案，而花钿是将彩纸、云母片等各种材

料剪成花鸟鱼虫的形状贴在脸上。

剪花钿的材料有金箔、彩纸、鱼鳃骨、鲋鳞、茶油花饼等多种。剪成后用鱼鳔胶等材料粘贴。有心思细腻的手艺人甚至可以用蜻蜓翅膀制作花钿。

> 后唐宫人或网获蜻蜓，爱其翠薄，遂以描金笔涂翅。
> 作小折枝花子。
>
> ——〔宋〕陶谷《清异录》

花钿的颜色也分为好多种，其颜色取决于花钿的质料，主要分为红、绿、黄三种颜色，以红色花钿为最多。这三种颜色之外，也有金色、黑色或者白色的花钿。例如以金箔片为原料的花钿为金色，以黑光纸为原料的花钿为黑色，而以鱼鳃骨为原料的花钿就是白色。有一些花钿的原料现在已经无法获得，比如"翠钿"是由各种翠鸟羽毛制成，整体花钿呈青绿色，跟其他颜色的花钿又不是一种风格。

宋朝时，花钿已经是一种非常常见的妆饰用品了，与胭脂、水粉、香料等女性化妆用品一起出售，在临安城内的铺子里就不乏"香袋儿、面花儿、绢孩儿、符袋儿、画眉七香丸"这些常用的化妆品。

> 染梳儿、接补梳儿、香袋儿、面花儿、绢孩儿、符袋儿、
> 画眉七香丸、胶纸、稳步膏、手皴药、凉药、香药、膏药、
> 发垛儿……
>
> ——〔宋〕周密《武林旧事》

一些影视作品中，为了表现剧中女性角色不同的气质，常常会以花钿来区分。所以各位看官，看各种古装剧和武侠剧时，当

女性角色的眉心出现红色或黑色图案的时候，别再没文化地说那是"眉中间有个红点"，而要淡定地说那是花钿。

比如在电视剧《宫心计》中，各妃嫔都有各自专属的花钿：贤妃的花钿庄重典雅，对应的是她大家闺秀的气质；丽妃的花钿饰于眉角，暗示其心机较重；德妃的花钿秀丽雅致，跟她本人性格也比较相符；而太后的花钿最为复杂美观，则体现了封建皇族的等级差异。

宋朝也有多种多样的花钿，有奢华范儿的，也有小清新范儿的；有大家闺秀型的，也有小家碧玉型的。这些不同种类的花钿给很多影视剧提供了不少的灵感。

其中有精致华美的翠钿。在女子刚化完妆的时候在眉心贴就。

> 佳人画阁新妆了，对立丛边。试摘婵娟。贴向眉心学翠钿。
>
> ——〔宋〕晏殊《采桑子·石竹》

也有走小清新路线的鲜花钿。哪怕是很少写儿女情长的杨万里，都会把它写在自己的诗歌里。

> 风餐露饮橘州仙，胸次清于月样圆。
>
> 侠客偶遗金弹子，蜂王排作菊花钿。
>
> ——〔宋〕杨万里《德远叔坐上赋肴核八首蜜金橘》

还有小巧玲珑的珍珠钿。秦观写这些略带哀伤的词，用其他的花钿也不合适，用小巧一点的珍珠钿刚刚好。

> 多情，行乐处，珠钿翠盖，玉辔红缨。渐酒空金榷，花困蓬瀛。豆蔻梢头旧恨，十年梦、屈指堪惊。凭阑久，疏烟淡日，寂寞下芜城。
>
> ——〔宋〕秦观《满庭芳·晓色云开》

这些花钿还曾经集中出现在一些杂文轶事中，《江湖后集》中记载了一位贫穷人家的女子，看到东边的邻居买得起金钿，西边的邻居买得起翠钿，而自己却无力承担高消费的梳妆打扮，只有简简单单地用苔藓做成花钿贴在脸上。

走路撞上屏风，歪打正着"斜红"妆

斜红又称晓霞妆，通常位于面颊两侧、鬓眉之间，大多状如月牙，远远看去，犹如脸上平添了两道红色伤痕。

关于它的来历，还有一段小故事。相传魏文帝曹丕有一个宠姬叫薛夜来（原名薛灵芸）。薛夜来刚入宫时，好像刘姥姥进了大观园，很多宝贝从没见过，什么规矩都不懂。有一天晚上，薛夜来去侍奉曹丕，远远看见皇帝在灯下吟咏，一高兴就把一块七尺的水晶屏障当了空气，一下撞在了屏风上，脸上立马红了一大块，但神奇的是，伤痕如晓霞将散，反而有一种动人的美感，于是宫人纷纷用胭脂效仿，名曰晓霞妆。

> 夜来初入魏宫。一夕，文帝在灯下咏，以水晶七尺屏风障之。夜来至不觉，面触屏上。伤处如晓霞将散。自是宫人俱用胭脂仿画，名晓霞妆。
>
> ——〔唐〕张泌《妆楼记》

这种妆饰的来由更像是搞笑动图中路人撞玻璃门事件，但是让古人操作一番，反而成了一种绵延几百年的化妆手法。看来糗不糗，主要看颜值，颜值高的人撞玻璃门，那叫晓霞妆，颜值低的人撞到玻璃门，那叫单纯的不看路。

这次偶然事件让女性面妆有了更多不一样的种类，从魏晋时期到宋朝，斜红一直是女子的固定面妆之一。

周邦彦和晏几道均在词中描写过这种面妆：

淡铅脸斜红、泪痕重。淡铅脸斜红。

——〔宋〕周邦彦《塞翁吟》

琼酥酒面风吹醒。一缕斜红临晚镜。

——〔宋〕晏几道《玉楼春·琼酥酒面风吹醒》

小酒窝长睫毛，要看面靥化得好不好

面靥也叫妆靥，是古代女性在酒窝处的一种妆饰，现代人基本不使用这种化妆手法了。如果粉底打得不够白，面靥也会成为灾难级的化妆事故，远远看去可能会让别人以为是酒窝处的两颗痣。

最早的面靥并不是为了妆饰，而是宫廷生活中的一种特殊标记。比如某妃例假来临，不能接受皇帝御幸，就在脸上点个小点，称为点"的"，后宫的女史见到，就不会把这名妃子作为皇帝翻牌的对象了。后来这个小点逐渐成为一种妆饰。

以丹注面曰的。的，灼也。此本天子诸侯群妾，当以次进御，其有月事者，止不御，重以口说，故注此于面，灼然为识。女史见之，则不书其名于第录也。

——〔汉〕刘熙《释名·释首饰》

宋朝的女子依然流行面靥的妆饰方式，比如电视剧《清平乐》中不少女性都采用了珍珠面靥的妆饰，当时很多宋词中也出现了梅花、桃花等花卉形状的面靥。

更玉犀金彩、沾座分簪，歌围暖，梅靥桃唇斗胜。

——〔宋〕吴文英《洞仙歌》

可见面靥的种类是丰富多样的。人们一般是用胭脂来画面靥，最开始的时候大家都简单地画个圆点来表示面靥。后来随着面靥的流行，也就出现了"内卷"，有杏核状的，有花卉样式的，有钱币状的，等等，风格越来越多样化。除了上面提到的珍珠和梅花、桃花等，面靥还有翠靥、粉靥等多种方式，这些都是比较主流的面靥款式。

宋朝人化妆喜爱淡雅清秀，所以面靥、额黄、斜红的位置很多都会饰以珍珠，显得淡雅清秀又不失奢华。

另一些非主流的面靥化妆方法。当翠色、粉色、红色都不足以满足当时女子对于妆容的需求时，就有部分女子使用黑色作为面靥的颜色，当时这种化妆方法还跟封建迷信联系在了一起。

宋太宗淳化年间，京师的女性流行用黑光纸和鱼鳃骨头等特殊材料来妆饰面靥。在传统五行中，黑色是象征北方的颜色，鱼鳃骨头又属于水族，两者都是属阴的，但是脸部是属阳的，当这些属阴的化妆材料侵犯了属阳的脸部，就注定会有水灾，巧的是，在第二年的时候，开封府就发大水了。

> 淳化三年，京师里巷妇人竞剪黑光纸团靥，又装镂鱼鳃中骨，号"鱼媚子"以饰面。黑，北方色；鱼，水族，皆阴类也。面为六阳之首，阴侵于阳，将有水灾。明年，京师秋冬积雨，衢路水深数尺。
>
> ——〔元〕脱脱等《宋史·五行志》

额黄、花钿、斜红、面靥这些化妆技法都是古人在各种因缘巧合之下想出来的，它们可能与现代的审美不太相同，也无法重现在人们的日常生活中，但是在当时的社会，它们代表了宋朝人追求美的一面，也彰显了当时的女子"以细节取胜"的化妆思路。

香料 ｜ 未见其人先闻其香

近些年随着"国潮"兴起，中国古风歌曲和服饰盛行，宋朝的生活方式又成为人们追逐的对象。其实，宋朝之所以让人如此迷恋，是因为它有中国历史上相对成熟的文明，很多现代人所追求的物质享受和精神享受，在当时都已萌芽。

拿香水来说，在宋朝时候，人们就已经学会使用天然香料入药或制作化妆品，当时人们习惯称香料为香药，主要来源于我国本土和东南亚地区，其中的一些香料一直到现在还被人们经常使用。

大家最熟悉的古代香料：麝香

说到古代香料，即使你对这个领域一无所知，只要看过一些古装剧，也可以说出"麝香"这个名字。作为我国本土出产的动物性天然香药，麝香本身有特殊的香气，是老祖宗们一直使用的香料原料之一。

早在许慎的《说文解字》中就曾经提到过它的存在："麝如

小麝，脐有香。"到宋朝的时候，人们已经对如何制作麝香有了相对详细的记载，而且说明了只有在春分的时候取到的麝香才是最好的，但是很难买到真货。

《如懿传》中的大杀器：零陵香

在电视剧《如懿传》中，皇后送如懿和高贵妃的手镯中藏有零陵香，而这零陵香导致了如懿数十年不孕，甚至错过了最佳的生育时间，堪称宫斗剧中的大杀器。虽然剧情有夸张之处，但孕妇服用零陵香的确可能导致流产。

> 零陵香，生零陵山谷，今湖、岭诸州皆有之，多生下湿地，叶如麻，两两相对；茎方，气如蘼芜，常以七月中旬开花，至香；古所谓薰草是也。或云蕙草，亦此也。
>
> ——〔宋〕苏颂《本草图经》

零陵香又被称为香草或者香佩兰，在我国湖南、四川等地都有出产，晒干之后装入香袋之中会有独特的香气，古时候又称为薰草或者云蒸草。

被北美洲原住民视为圣物的茅香

茅香最早为熏炉熏香所用，后来由于龙脑、苏合等树脂类香料传入我国，茅香才逐渐退出了熏香的历史舞台。它的产地主要来自我国陕西、甘肃、新疆等地，以及欧亚大陆北部和北美洲。

北美洲的原住民从很久以前就已经广泛使用茅香，茅香被他们视为覆盖在大地之母上的第一种植物，在治疗疾病的仪式上会用到茅香。茅香叶经干燥后编成辫子状，燃烧时会发出香荚兰的香味。

歌词里的七里香

木樨即桂花，又名岩桂、七里香。七里香随着周杰伦的歌《七里香》的流行已经广为人知，其实这些名称都是形容木樨香不同的特性。因为它生长在山谷岩石之中，所以被大家称为岩桂；又因八九月桂花开花的时候，整个山谷里都是它的香味，所以被称为七里香；又因为它的木质很坚硬，上面的纹路很像犀牛角，所以又被称为木犀。

> 向余《异苑图》云："岩桂，一名七里香，生匡庐诸山谷间。八九月开花，如枣花，香满岩谷。采花阴干以合香，甚奇。其木坚韧，可作茶品，纹如犀角，故号木犀。"
>
> ——〔宋〕陈敬《陈氏香谱》

唐宋八大家之一的黄庭坚与晦堂禅师有过一则关于木樨香的公案。当时黄庭坚请求晦堂禅师指示佛法，一日岩桂盛放，晦堂禅师通过木樨花的香味启发黄庭坚，佛法如木樨花香一般自然飘溢，无处不在，黄庭坚因此大悟。

影视剧中的王者：龙涎香

龙涎香也是大家在小说或者影视剧中经常见到的名词。从名字看还以为是某种传奇动物的口水，实际上它是抹香鲸科动物抹香鲸肠内分泌物的干燥品，在肠道遇到刺激性异物时，抹香鲸会将分泌物吐出来，就成了人们所说的龙涎香。

> 龙涎，大食西海多龙，枕石一睡，涎沫浮水，积而能

坚，鲛人采之以为至宝。新者色白，稍久则紫，甚久则黑，
不薰不莸似浮石而轻也。

——〔宋〕赵汝适《诸蕃志》

自古以来，龙涎香就被作为高级香料使用，现代的香水公司
多把龙涎香磨成粉末，与酒精配成约 5% 浓度的龙涎香溶液，用于
配制香水。由于此物产量较少，所以它每克的价钱甚至堪比黄金。

龙脑香

跟龙涎香的名称比较相近的还有龙脑香，也就是大家平时说
的天然冰片。它是龙脑香树的树脂，在我国西南各省及东南亚地
区都有出产。

龙脑香在宋朝的日常生活中出现的频率非常高，它被列入密
宗的"五香"之一（沉香、檀香、龙脑香、丁香、郁金香），龙
脑树的树膏也被用作佛灯的灯油。

除了用作礼佛，当时的人喜欢在茶饼中掺入龙脑香，做成龙
脑香茶。一般是在压制茶饼之前以龙脑窨茶，或者以龙脑浸水直
接洒在茶上。在皇室专用的"瑞云翔龙"等团茶中，就分为掺入
龙脑香的和不掺的两种。

神宗元丰间，有旨造密云龙，其品又加于小龙团之上。
哲宗绍圣中，又改为瑞云翔龙。至徽宗大观初，亲制《茶论》
二十篇，以白茶自为一种，与他茶不同。

——〔宋〕熊蕃《宣和北苑贡茶录》

团茶本身造价就很昂贵，再算上龙脑香的成本，普通人家根
本负担不起，所以这些大多是皇室贵族的专供品。当时的学者还

按照不同的制作方法和成分将北苑贡茶分为不同的等级。

粗色第一纲：

正贡：

不入脑子上品拣芽小龙一千二百片，六水、十宿火。

入脑子小龙七百片，四水、十五宿火。

增添：

不入脑子上品拣芽小龙一千二百片。

入脑子小龙七百片。

建宁府附发小龙茶八百四十片。

——〔宋〕赵汝砺《北苑别录》

除了上述的香料，还有沉香、甘松香、檀香、丁香、降真香、豆蔻等多种香料，在这里不一一介绍了。

这些香料不但可以直接使用，经过能工巧匠的二次深度加工，还可以做成香水、香粉、香膏等制品，用于人们日常的化妆生活。

1．香水

宋朝的香水属于纯天然的植物制品，一点都不含酒精、防腐剂等材料，这主要是受到了当时香水制作工艺的限制。在五代之前，用鲜花等萃取的香水在中国是不存在的，一直到五代时期，来自阿拉伯的蔷薇露才第一次刷新了大家的认知。

蔷薇水，大食国花露也。五代时，番使蒲诃散以十五瓶效贡，厥后罕有至者。今多采花浸水，蒸取其液以代焉。其水多伪杂，以琉璃瓶试之，翻摇数四，其泡周上下者为真。其花与中国蔷薇不同。

——〔宋〕赵汝适《诸蕃志》

虽然有阿拉伯人进贡的香水，但是宋朝并没有完成对于蔷薇水的复刻，当时市面上流行的香水主要是一些本土品牌的仿货。

究其原因，首先，那时大食国的蔷薇还没有引种到中国，所以人们只能采用中国岭南地区的素馨、茉莉，或者产自中国的柚花、柑橘花为原料，与阿拉伯地区的蔷薇相比，在香味的馥郁程度上有着一丝差别。

其次，虽然当时阿拉伯世界已经成功研发了蒸馏萃取技术，但是在从阿拉伯地区到中国的漫漫旅途之中，步骤烦琐的蒸馏萃取技术并没有完整地传入中国。所以人们只能退而求其次，按照字面的意思来理解"采花浸水，蒸取其液"，结果做出来的花露就不太一样了。

虽然原料和工艺都与原产地有着一些差距，但是依然阻挡不了大家对它的喜爱，在文人的笔下，甚至将皇恩比作蔷薇水，洒在衣服上之后，香气就永远不会消散。

先帝宫人总道妆，遥瞻陵柏泪成行。

旧恩恰似蔷薇水，滴在罗衣到死香。

——〔宋〕刘克庄《宫词四首》

2. 香粉

在上文中，我们曾经提到过玉女桃花粉的做法，需要把益母草晒干、煅烧、炼制、捣碎等多个步骤，其他的香粉也是将原料研磨成细粉之后进行使用。比如利汗红粉香需要用滑石一斤、心红三钱、轻粉五钱、麝香少许，再将这四种原料研磨到极细，调成肉色，在早上洗漱或者沐浴的时候，涂在肌肤上，可以香肌利汗。

3.香膏

宋代女性涂脂抹粉时用的香膏也加入了不少香料，有一种叫作太真红玉膏的香膏，需要把杏仁、滑石、轻粉等原料蒸过之后，加入龙脑、麝香，再用鸭蛋清进行调和，每天坚持使用可以保持面色红润。

其实宋朝人对于抹在脸上的护肤品研究得还是不够透彻，比如在太真红玉膏的配方里，杏仁可以有滋润皮肤的效果，滑石、冰片、麝香对于一般人也没什么坏处，但是轻粉是氯化亚汞，不宜每天涂面。

> 太真红玉膏。杏仁去皮，滑石，轻粉，各等分，为末蒸过，入（龙）脑麝（香）少许，以鸡子清调匀。早起洗面毕，傅之，旬日后色如红玉。
>
> ——陈元靓《事林广记》

宋朝的时候，香料、香药便已成为上层人士日常生活中的必需品。普通百姓呢，也开始借助香料、香药来为生活增色添彩，加上宗教祭祀、酒楼茶楼等场合对香料、香药的大量需求，也促进了当时香料制品的研发生产和供应链发展。

第四章

随风奔跑自由是方向，
坐着我心爱的小马车

车和檐子 | 皇帝出行要十几辆豪车，老百姓出门只能坐竹竿

虽然宋朝的房地产行业发展得不错，但是在基础建设上还存在一定的短板，比如交通。

这也赖不得宋朝，因为交通并不是宋朝一个朝代的发展短板，由于中国封建社会发展水平限制，在任何一个朝代，交通都是皇帝心中隐隐的痛。因此，在宋朝出一趟远门并不是一件简单的事情，说走就走的旅行那是不可能的，只有说走走不了的情况。这个问题对于官员和平民是一样的，不管你是封疆大吏还是普通老百姓，碰到路况不好的时候，绝对是寸步难行。

曾巩在福建当官的时候，曾经写过一篇《道山亭记》：

> 其路在闽者，陆出则阸于两山之间，山相属无间断，累数驿乃一得平地，小为县，大为州，然其四顾亦山也。
> 其途或逆坂如缘絙，或垂崖如一发，或侧径钩出于不测之溪上：皆石芒峭发，择然后可投步。负戴者虽其土人，犹侧足然后能进。非其土人，罕不踬也。

此篇意思是说福建的道路被阻塞在两山当中，接连过了几个驿站才能见到一块平地，县城的四面也都是山，有的道路迎着山坡，需要攀缘着粗绳才能登上，有的路垂直挂在山崖上像一丝头发，有的小路蜿蜒在深不可测的溪流旁，而且道路上都有石刃从

峭壁上刺出，要看准了脚下才可以举步。即使是本地人也还要侧着脚然后才能够前进。

普通老百姓可能都不一定能筹得到出门的费用，即使筹到了费用，也要做好万全的准备，来应付上面曾巩遇到的这些问题。

皇帝不出远门，排面倒是挺大

皇帝出行就不一样了，虽然不经常出远门，但是皇帝的出行工具不仅五花八门，而且每一种拿出来都称得上豪车中的豪车。按照不同场合皇帝会选择不同的座驾，根据时代的发展还会推陈出新，发展出来更多的花样。

一般来说，皇帝的陆地出行工具以辂、辇、舆、车为主，由于很少需要通过水路去远方，所以水上出行工具较少。

接下来，我们来看看皇帝的这些出行工具都是如何划分的：

1. 辂

辂始制于周朝，又称为"路"，《周礼·春官宗伯·巾车》记载："王之五路：一曰玉路，锡，樊缨，十有再就，建大常，十有二斿，以祀。金路，钩，樊缨九就，建大旂，以宾、同姓以封。象路，朱，樊缨七就，建大赤，以朝、异姓以封。革路，龙勒，条缨五就，建大白，以即戎，以封四卫。木路，前樊鹄缨，建大麾，以田，以封蕃国。"玉路、金路、象路、革路、木路是古代帝王使用的五种车辆。经过历朝历代的发展，到了宋朝，皇帝出行所用的辂主要也是玉辂、金辂、象辂、革辂、木辂五辂，其他为副辂。

以玉辂为例，这是皇帝出行规格最高的辂，也是皇帝专用的出行工具。宋太祖"初诣太庙，乘玉辂"，连宋太祖也只有在拜太庙的时候才会乘坐玉辂，之后的宋朝皇帝也都沿袭了这一礼仪规格，只有在祭祀大礼的时候，才把玉辂请出来。

> 自来大礼，皇帝诣景灵宫、太庙皆乘玉辂。
>
> ——〔宋〕李焘《续资治通鉴长编》卷三百八十五

2．辇

辇始制于夏朝，最初指古人拉或推的车。辇没有窗帘的遮蔽，也是宋朝皇帝出行乘用的交通工具之一。

以其中的大辇为例，皇帝也是在祭祀大礼时才会乘坐。

> 今来明堂止诣景灵宫行礼，欲乞依嘉祐故事，往回皆乘大辇。
>
> ——〔宋〕李焘《续资治通鉴长编》卷三百八十五

宋朝初年，皇帝乘坐的辇一共有七种之多，但到南宋的时候，"国朝之辇有七，中兴后，唯存大辇、平辇、逍遥三辇而已"。除了大辇，只剩下平辇和逍遥辇了。

平辇，又称平头辇。宋真宗大中祥符元年（1008）制平辇，宋真宗"东封，别造升山天平辇，施机关，赐名曰登封辇"。

逍遥辇，又称逍遥子，是一种可以防风避雨的辇，宋真宗东封"别造辟尘逍遥辇，加窗隔，黄缯为里，赐名省方逍遥辇"。

3．舆

舆一般指皇室出行所用的轻车，宋朝皇帝所乘坐的舆包括小舆、腰舆、銮舆、彩舆等，因为轻小便捷，方便皇帝外出游历时乘坐。

> 辅上疏略曰：陛下厌居法官，时乘小舆，出入廛陌之中、

郊坰之外，极游乐而后反。道涂之言始犹有忌，今乃谈以
为帝。

——〔元〕脱脱等《宋史·曹辅传》

这句话是曹辅规劝皇帝不要玩忽职守，他指责皇上厌倦了居住理
政的正殿，时常乘坐小轿子，在巷陌郊野之处出现，直到游乐尽
兴了才返回，以至于外界关于皇帝出行的谣言在最开始的时候还
有所忌讳，后来已经传得有板有眼。

从这个小故事可以看出，小舆作为一种出行的轻车，确实比
较方便皇上去郊外游玩。

4. 车

宋朝的车是以马、牛等牲畜牵引而行，但是皇帝出行的车可
大有讲究，毕竟作为整个国家的最高统治者，出门在外还是要面
子的，跟普通老百姓一样坐牛车，那可跌份了。

首先，宋朝皇帝乘坐的车不仅数量多，名字也很唬人，有进
贤车、明远车、白鹭车、鸾旗车、耕根车、崇德车、皮轩车、黄
钺车、豹尾车、青旌车、鸣鸢车、飞鸿车、貔貅车等。其中青旌车、
鸣鸢车、飞鸿车、虎皮车和貔貅车是宋朝期间新增的车。一看宋
朝的皇帝就比较喜欢鸟兽之类的，连车的名字也都以青雀、鹰鸢、
鸿雁、老虎和貔貅来命名。

其次，给皇帝"打工"的牲畜也有说法，并不是所有的牲畜
都有资格给皇帝拉车。宋朝时期，由于马匹相对短缺，于是用马
拉车就成了地位和权力的象征，所以皇帝的 16 辆豪车中，除了
明远车在最开始的时候用过一段时间牛，其余所有的车都是用马
来拉的。

当然了，宋朝皇帝有时也自己骑马出行，到南宋的时候，皇帝出行甚至普遍自己乘马。宋高宗到镇江府的时候，还没有去住宿的地方，就先骑马出去划船了。

皇帝出门 16 款豪车，老百姓却只配坐竹竿

其实皇帝平时也不出远门，一个人占用这么多的出行工具是不科学的，毕竟底层人民才经常面临出行和迁徙的问题，但是他们的出行工具又相对简陋一些。

宋朝的商人属于相对富裕的阶层，出行的时候可以骑马。自宋太宗开始，朝廷对于富商出行就有规定："富商大贾乘马，漆素鞍者勿禁。"看得出宋朝是提倡商人乘马出行的。

普通老百姓出门当然也可以骑马，但更多是采用檐子、藤舆、犊车等工具出行。

以檐子为例，这本是器物上类似于屋檐的部分，后来逐渐发展成一种供人乘坐的交通工具。根据《旧唐书·舆服志》的记载，檐子是用肩抬的一种交通工具，在唐初极为兴盛，也是妇人出行经常使用的一种交通工具。至宋代时，檐子已经从之前一人乘坐的出行工具发展成为内部宽敞、可供两人乘坐的出行工具，在婚嫁、出行的时候，也可以使用檐子。

檐子虽然多为平民出行使用，但皇室成员偶尔也会使用。

> 皇太后出入仪卫，依治平四年四月内参定。皇太后所乘舆，上设行龙六。皇太妃出入，许乘檐子。
>
> ——〔宋〕李焘《续资治通鉴长编》卷三百五十七

神宗元丰八年（1085），皇太后出行乘坐的是舆，而皇太妃

出入乘坐的则是檐子，可见宋朝对于檐子这种平民出行经常使用的工具并没有绝对的严格要求，而是根据场合的不同进行调整。

在当时的历史条件下，宋朝多种多样的出行工具已经尽可能地方便了人们的日常出行，而且其中一些规定对后世的出行工具也产生了重要影响。元、明、清的出行工具多沿袭宋朝出行工具的种类，以及乘用的规定和装饰的规定。

南北出行差异　北方人不坐轿子，南方人不骑马，逛街也能逛出优越感

南北方的出行差异似乎自古以来就非常明显，在宋朝的时候，南北方出行工具的差异主要是由地形条件和自然环境不同所导致的。

一马平川的北方靠牛、马拉车

相对于南方而言，北方的地形以平原和高原为主，地势平坦，人们出行可以选择的交通工具相对较多，有条件的人家可以骑马，但更多的人家还是选择坐车。

淳熙四年（1177），作为宋使张子正的随员，周辉在出使金国的途中，看到一户贵族出行的时候使用的是盖着青毡的细车。

细车可以算作宋朝的一种快速客车，需要用十五匹驴子拉车，有五六个人把车，而且赶车者不是用鞭子，而是用巨梃击打驴子。由于赶车人打驴打得比较狠，十五匹驴子跑起来也非常卖力，因此车速极快，"其震荡如逆风，上下波涛间"，也只有富贵人家才能用得起这类车子。

因为拉车的驴子比较多，在北方的地面上经过势必会扬起很多灰尘，所以开封府的富贵人家坐细车出行之前，还需要有专人拿着水罐子在路面上洒水，以免灰尘太多。

出门办急事或者同城送个快递，坐细车当然没毛病，但是开封府的小姐姐们日常出门可就不能坐细车了，而是要选择犊车。

> 京师承平时，宗室戚里岁时入禁中，妇女上犊车，皆用二小鬟持香球在旁，而袖中又自持两小香球。车驰过，香烟如云，数里不绝，尘土皆香。
>
> ——〔宋〕陆游《老学庵笔记》

陆游在《老学庵笔记》中记载了宋朝的宗室女性出门坐犊车的盛况。女子上车后，需有两名丫鬟在旁边拿着香球负责熏香，而且袖子里还要自带两个小香球。一辆犊车里就有四个香球，所以宗室的小姐姐们真的称得上是拥有"香车宝马"，只要她们经过，连路上的灰尘都是香的。

除了以上两种载人的车，宋朝期间载物的车最常见的是太平车，这是当时一种专门用于载重的大车，车两侧有拦板，前有多头牲畜牵引。

张择端在《清明上河图》里也描绘了太平车的存在。在刘家上色沉檀拣香铺，一辆太平车正在快速驰过，车前两木中间坐着

驾车人，正挥鞭吆喝着前面的四匹骡驴，车后露出斜木脚拖。其后还有一辆太平车正在拐弯，车身虽未显露，驾车人与四匹牲口则清晰可见，这属于一辆小型的太平车。

> 北方大车可载四五千斤，用牛骡十数驾之。管车者仅一主一仆，叱咤之声，牛骡听命惟谨。凡车必带数铎，铎声闻数里之外，其地乃荒凉空野故耳。盖防其来车相遇，则预先为避，不然恐有突冲之虞耳。终夜劳苦，殊不类人。雪霜泥泞，尤艰苦异常。或泥滑陷溺，或有折轴，必须修整乃可行，濡滞有旬日。然其人皆无赖之徒，每挟猥娼，同处于车箱之下，藉地而寝，其不足恤如此。

> ——〔宋〕周密《癸辛杂识续集》

像周密描述的这种太平车就属于比较大的太平车了，可以负重四五千斤，用十几匹牛和骡驴来拉车，甚至于无赖之徒都可以狭人藏在车厢下面，可见太平车的内部体积有多大了。由于太平车车身大且载物多，在当时形容要装载的东西多时，甚至用太平车来代指。

> 欲问俺心头闷答孩，太平车儿难载。
>
> ——〔金〕董解元《董西厢》

董解元在《董西厢》里形容崔莺莺愁闷时，说她的愁闷要用太平车来载，可见崔莺莺心里有多苦恼了。

综上可以看出，在北方，不管是出门办事还是运载货物，所使用的多为牲畜驾驶的车辆，其主要原因是北方的地形相对比较平坦，不管是牛、马还是骡、驴，都可以拉出来遛一遛。

加上古代可以用于交通出行的工具实在少之又少，没有飞机、高铁，也没有汽车、地铁，除了人力抬轿，牛、马车的工作效率还相对高一些，也因此成为人们日常生产生活中所选择的主要出行工具。

高官贵族才坐轿，平民百姓就别想了

既然提到了人力抬轿，那么在宋朝的时候，是否如同电视剧中上演的那样，只要家里有点小钱养得起几个仆人，出门就有轿子坐？

答案是否定的，虽然北方地形平坦，坐轿受地理环境上的限制因素少，但是在宋朝，只有高官贵族才有资格坐轿子。普通百姓就算有钱，也是不能坐轿的，这是朝廷明令规定的。

除了坐轿，皇帝和官员出去游玩的时候多喜欢骑马，有的御马还有自己的姓名。比如宋仁宗就有一匹叫作玉逍遥的御马，皮毛是白色的，骑乘的时候如同坐舆、辇一样平稳不颠簸。

仁宗御马名玉逍遥，色白，乘之如舆辇。围人云："马行步有尺度，疾徐皆中节，御者行速，则以足栏之。"

——〔宋〕邵伯温《闻见前录》

在论功行赏这种场合，皇帝也会将御马作为赏赐送给诸王及臣子。宋太祖当皇帝的时候，封了钱惟浚为镇海、镇东节度使，还特地将钱惟浚请来一起吃饭，宴席之上，不仅赏赐了他白玉带和缀珠衣，还赏赐了他水晶鞍勒的御马，可见宋太祖对于钱惟浚的器重。

皇帝乘的御马当然是非常稀少的，在民间，普通官员出门远行或者串门会友的时候，也会选择骑马前往。

子厚为商州推官，时子瞻为凤翔幕佥，因差试官开院，同途小饮山寺。闻报有虎者，二人酒狂，因勒马同往观之。去虎数十步外，马惊不敢前，子瞻云："马犹如此，著甚来由。"乃转去。子厚独鞭马向前去，曰："我是有道理。"既迎取铜沙锣于石上擦响，虎即惊窜。

——陈鹄《耆旧续闻》卷四

上面这则故事说的是章子厚在做商州推官的时候，在寺庙里听说有老虎，于是骑着马去看虎，到了离老虎数十步之外的地方，马吓得不敢往前去了，而章子厚却很淡定地拿了铜沙锣敲响，从而把老虎吓跑了。

所谓故事，看看就好，马的智商还是"在线"的，子厚的胆子就有点"超纲"了，这都到了老虎跟前了，还能想到敲锣送虎走，确实是有宋朝文人雅士的范儿。

南方产马却不骑马，到底因为啥

相比较而言，南方地区的路况明显不如北方，北方的平原一马平川，而南方则是丘陵和盆地相互交织，别说坐车了，骑马都绊马腿。

宋高宗绍兴六年（1136）五月，广西进贡出格马，宋高宗看到之后称赞广西竟然也能有这么好的马，不一定只有西北才能出产良马。

> 己卯，广西进出格马，帝曰："此几似代北所生。广西亦有此马，则马之良者不必西北可知。"
>
> ——〔清〕毕沅《续资治通鉴·宋纪》

除广西之外，广东、福建、安徽、四川等地也都出产马匹，但总的来说，南方居民出行使用马匹的场合比较少。主要是因为这些地方地形多不适合骑马出行。

其次，整个宋朝期间都比较缺马，自唐朝以来，能给中原建立的王朝提供战马的主要有三个地方，分别是西北地区、蒙古草原、东北地区。只要控制住这三个地区中的两个，基本上就不会缺马。可是宋朝比较奇葩，从北宋到南宋，北边没有突破燕云十六州，西边没有突破银川，所以上面提到的三个地方，宋朝一个都没有，导致不但打仗时没有马，就连平时生活中所用的马匹也相对比较紧张。宋神宗期间，王安石的保马法在一定程度上缓解了缺马的情况，但是在宋朝的大部分时间内，各地产出的良驹还是用于战争的。

久而久之，南方人出行大多数不骑马，坐轿已经是当地的一种风俗了。再加上路况崎岖，用人力抬轿更方便快捷，也更舒适，

对于有能力承担轿夫的人家，自然也就选择坐轿子出门了。

在一些经济比较发达的地区，经常会有几十台轿子一起出现，男男女女都乘坐轿子逛街，透过轿子的窗户看外面的景色风光，也不失为一种情趣。

南方人出门还可以坐船，而在北方几乎不存在这种出行方式。南方的水系分布本来就比北方广，加上宋朝时期港口众多，造船业比养马业还要发达，这在一定程度上也促成了南方人出行工具的选择性相对较多一些，就算是不用牛、马拉车，也可以选择轿子或者渡船，比起北方较为单一的出行方式，确实可以秀一波优越感。

| 交通工具
租赁 | 出门没有出租车，莫慌，
租不起车可以租头牛 |

上一节中，我们提到骑马、坐轿这些出行方式大多属于达官贵人，那普通人家里养不起牛和马的怎么出行呢？总不至于每次出门都走着去吧。

换作今天，站在小区门口随手拦下来一辆出租车，或者提前定一辆网约车都是分分钟的事情，回到宋朝，出门办事如果没有合适的代步工具，也可以租马、租驴，再不济租牛也行。

马车不是你想租就能租

由于宋朝养马之地多被辽国和西夏控制，所以马匹的数量本身就比较少，加上宋朝与这两个国家还有战争冲突，就更难通过贸易手段买到马了。这不仅导致宋朝跟其他国家打仗的时候打不过，也导致国内人民出门买不起马，也租不起马。这种状况一直到了宋神宗的时候才有所改善。

别看在电视剧里大家都是骑着高头大马在街上驰骋，但这种策马奔腾的情况在当时的社会中基本不会存在，你大可以把那些高头大马想象成慢悠悠往前走的小毛驴。是不是电视剧里俊男靓女、各路大侠的滤镜瞬间就幻灭了？

总而言之，在宋神宗之前，宋朝普通人家的代步工具还是以驴为主，不管是出租车还是网约车，都是靠毛驴来拉车。虽然小毛驴的脚程不如骏马，但也算得上吃苦耐劳，在城市里短程出行也勉强够用，对于无福消受马车和轿子的平民百姓，小毛驴就是最好的代步工具了。

京师赁驴，途之人相逢无非驴也。

——〔宋〕王得臣《麈史》

不管是在穷乡僻壤，还是在开封府这种一线大城市，都有租毛驴的生意，大家在道路上相逢一笑，先看到的都是对方骑着的那一头小毛驴。这一点在张择端的《清明上河图》中也得到了印证，整幅画卷画了46头驴和骡子，马只有20匹。

有趣的是，虽然小毛驴形象不是那么高大伟岸，走路也是慢慢悠悠，可中国历代的文人反而非常偏爱毛驴。从唐朝杜甫的"平明跨驴出，未知适谁门"到白居易的"日暮独归愁米尽，泥深同出借驴骑"，再从宋朝苏轼的"往日崎岖还记否，路长人困蹇驴嘶"到陆游的"此身合是诗人未？细雨骑驴入剑门"，驴子在文人的精神世界中扮演着一个非常重要的角色，如同钱锺书先生所说的那样："驴子仿佛是诗人特有的坐骑。"

但是这些文人大概率是不会亲自养驴的，所以不管有多少闲情雅致，终归还是要租头小毛驴。

不管租驴、租马，只要能赚钱就行

上文中"京师赁驴，途之人相逢无非驴也"其实还有下半句，就是"熙宁以来，皆乘马也"。从宋神宗即位以来，开封的人们就过上了从租驴到租马的生活。

那么最重要的问题来了，普通百姓租得起马吗？

> 寻常出街市干事，稍似路远倦行，逐坊巷桥市，自有假赁鞍马者，不过百钱。
>
> ——〔宋〕孟元老《东京梦华录》

按照《东京梦华录》记载，如果是平时出去办差事，路途稍微远点的，租一匹马也不过100文钱，对于开封府的寻常百姓而言，这个价钱还是可以接受的。

成寻和尚的《参天台五台山记》曾经记载了有一天他一次性租了9匹马，付出去的租金是1500文，折算下来每匹马的包天费用约166文，这个价钱也在情理之中。

今日借马九匹，与钱一贯五百文了。

——［日］成寻和尚《参天台五台山记》

在租马市场日益繁荣之后，租马方也会跟乘客讨价还价，为了避免空驶回来，在租马之前，往往会问乘客是单程还是来回。如果包来回的路程，那么价格就双倍，这种交易方式跟现在的网约车和顺风车差不多。目的地相对偏僻的地方，如果找不到回来的租客，那还不如等租客办完事儿再收一次钱，没准儿包来回的路程还能打个折。

人比人气死人，牛比牛气死牛

马跟驴主要满足的还是个人出行的需求，对于集体出游或者妇女出行，牛车是不错的选择，负重较多，而且耐力较足。如果一家人出游的话，骑着一群小毛驴肯定不像话，骑着一群高头大马出游似乎也有点张扬，所以租一辆老黄牛拉的车，一家人在车上吃喝闲聊，才像是出去玩，而不是去赶着上班打工。

命妇王宫士庶通乘坐车子，如檐子样制，亦可容六人，前后有小勾栏，底下轴贯两挟朱轮，前出长辕约七八尺，独牛驾之，亦可假赁。

——〔宋〕孟元老《东京梦华录》

像这种六人座的出租牛车，放在现在也是有钱人才能租得起的了。车主如果能偶尔接到个拼车的业务，那这种六人座的牛车可就赚钱了。但对于真正豪华的牛车，可不仅仅是六人座这么简单。陆游在成都的时候，曾经目睹成都女子出行所坐的牛车，其中以城北郭家的牛车最豪华，甚至被当成壁画素材画在了庙里的墙上，可见其精美奢华的程度了。

> 成都诸名族妇女，出入皆乘犊车。惟城北郭氏车最鲜华，
> 为一城之冠，谓之"郭家车子"。江渎庙西厢有壁画犊车，
> 庙祝指以示予曰："此郭家车子也。"
>
> ——〔宋〕陆游《老学庵笔记》卷二

跟这样的牛车一起出行，不仅人比人气死人，牛比牛都得气死牛。

虽然宋朝的出行规矩多，限制条件也多，但是老百姓的日常生活还是相对丰富的，市井生活让普通百姓有了更多娱乐的空间，不管是租车出行，还是三五成群外出逛街，已经足够令其他朝代的老百姓羡慕了。

| 如果不是皇帝败家，
那满大街都是香车宝马了

北宋建国之时家底儿比较薄，打了几年仗，大家能吃饱饭就不错了，自然不会想着大房子和大车子。这也是开国皇帝比较在乎的事，创业不易，对于一针一线都比较节约。所以上至朝堂，下至民间，都倡导简朴勤俭的风气，不管衣食住行，都尽量避免奢靡之风。相对于其他朝代的皇帝，宋朝的皇帝出门真的是非常低调有内涵了。

最典型的莫过于赵匡胤了，作为被黄袍加身的皇帝，赵匡胤在当上领导之后，也喜欢下班后到大臣家中坐坐，聊聊八卦，看看大臣平时都在干啥，有兴致的时候还会跟大臣一起喝点小酒。

赵匡胤下班去家访的习惯让当时的宰相赵普下班了都不敢换便服，生怕皇帝突然袭击。有一天晚上下雪，赵普觉得皇帝不会出门了，于是就自顾自地在家里看书、喝酒了，没想到半夜有人敲门，他出门看的时候发现皇上在雪地里已经站了半天了，吓得赵普慌忙跪拜。

> 太祖数微行过功臣家，普每退朝，不敢便衣冠。一日，大雪向夜，普意帝不出。久之，闻叩门声，普亟出，帝立风雪中，普惶惧迎拜。帝曰："已约晋王矣。"已而太宗至，

设重裀地坐堂中，炽炭烧肉。

——〔元〕脱脱等《宋史·赵普传》

赵匡胤是草根皇帝，又经历过开国创业的不易，他轻车简从的出行习惯也影响了宋朝前期的几个皇帝。也正是因为如此，在北宋建国之后的几代人里，政治和经济获得了极大恢复，百姓的生活水平也逐渐提高，但到了北宋后期，皇帝拿着祖宗打下来的"一身好装备"，就开始嘚瑟了。

上梁不正下梁歪，皇帝带着大臣一起荒唐

经过北宋前期的发展，汴京已经成为一个国际化大都市了，随着经济的快速发展，越来越多的人选择来到这儿打拼生活，也出现了日益增长的生活需求和消费需求。

宋真宗咸平二年（999），宰相张齐贤在给皇帝做汇报的时候，就提到民间已经逐渐兴起了奢侈之风，提前给皇帝打了预防针。

近岁风俗尤薄，奢侈相尚，每为事恐不过人，此弊当急惩戒。

——〔宋〕李焘《续资治通鉴长编》卷四十四

九年之后，即宋真宗大中祥符元年（1008），宋真宗在给臣子们训话的时候，又提到了汴京人奢侈成风，穿金戴银，浪费现象非常严重。虽然上面严加约束，却也管不住本地居民臭美的心，以致炼金的工人越来越多，炼金技术成了真正的金饭碗了。

京师士庶，迩来渐事奢侈，衣服器玩，多镕金为饰，虽累加条约，终未禁止。工人炼金为箔，其徒日繁，计所费岁

不下十万两，既坏不可复，浸以成风，良可戒也。

——〔宋〕李焘《续资治通鉴长编》卷六十八

等到北宋后期，在整个中国历史上都能排在前几名的败家皇帝宋徽宗上台主政期间，守着祖宗留下来的基业，吃喝玩乐、琴棋书画样样精通，就是在做皇帝这件事情上，宋徽宗真的是没什么天赋。他后期流落异国他乡，便作词回忆了以前当皇帝的时候是多么逍遥快活。可惜这种日子不仅让他成了阶下囚，也让北宋迅速走向了衰落。

玉京曾忆昔繁华。万里帝王家。琼林玉殿，朝喧弦管，暮列笙琶。

——〔宋〕宋徽宗《眼儿媚·玉京曾忆昔繁华》

皇帝的奢靡对于官员和百姓来说都是非常不好的示范，上梁不正下梁歪，下面官员看到皇帝都这样了，自然也穷奢极欲，吃穿用度能用好的就用好的。

一筵之馔，有及数百千者，浮侈相夸，有无艺极。

——〔元〕脱脱等《宋史·食货志》

一顿饭就要花这么多钱，不仅造成了社会资源的极大浪费，也让官员无心理事，一心搞钱，沉迷于奢侈贪腐的不良风气之中，对民间的消费观念也造成了极大的影响，以致普通市民都以奢侈为荣。

大抵都人风俗奢侈，度量稍宽，凡酒店中不问何人，止两人对坐饮酒，亦须用注碗一副，盘盏两副，果菜碟各五片，水菜碗三五只，即银近百两矣。

——〔宋〕孟元老《东京梦华录》

普通人吃顿饭、喝个酒都这么大的排场，花费银子近一百两，难怪《东京梦华录》的作者都要调侃汴京的市民"大抵"风俗奢侈了，这可真不是"大抵"，是百分之百风俗奢侈。

在七夕、中元节等特殊节日，汴京的居民更要出去买、买、买了。比如在七夕前三五天，街上便已经是车水马龙、人山人海，大姑娘、小媳妇都穿着漂亮的衣服出来逛街了，小孩子们也都换上新衣服出来玩，更别提妓馆这些特殊场所了，老板娘都把自己的门面装点得富丽堂皇。

这些现象反映了当时北宋后期人们对衣食住行的要求和标准都已经远超北宋初期，从上到下都形成了以奢侈为荣的消费习惯。

即便是到了南宋，百姓还是很舍得在买车、买马方面花钱。大家最熟悉的那句"宝马雕车香满路"讲的就是南宋时期的事情。

玩车毁三代，逃不开的魔咒

现代人常有"摄影穷三代，单反毁一生"的调侃，在古代没有如此多的娱乐项目，驾车出行就是从皇帝到老百姓最大的乐趣了。

从宋神宗开始，宋朝的皇帝就没有停止玩车的节奏。以大辇为例，宋神宗在位期间，大辇就已经是"金涂银龙凤装"，车内设置了御坐、曲几、锦褥等，外面还有"金涂银顶龙一。四面施行龙一十六，火珠四"。这可是妥妥的豪车了，从内到外，从整体到细节，恐怕天底下没有几个能工巧匠能做出这么细致的活儿。

等到宋徽宗政和三年（1113），皇帝的车就更夸张了，玉辂顶层由"施银耀叶"转变为"施金涂银山花叶及翟羽"，银叶子变成了金叶子，平盘上的"黄褥"转为"红罗绣云龙褥"，褥子也由基本款变成了定制款。宋徽宗跟他的父辈比起来，就是一个字：造！

皇帝及达官贵人都以豪车出行为荣，稍微有点钱的平民百姓也都纷纷效仿。这一点在宋仁宗期间就已经有了苗头，即便当时的仁宗皇帝还对官员和百姓都有明确的约束，当官的人，不是五品以上，不能用银饰装点马鞍；有钱的豪门贵族，不能用红漆和五彩颜色装饰出行的车辆；普通百姓不能坐轿子，坐车不能用银骨朵、水罐引喝随行，骑马只能用毡皮作为马具。

> 景祐元年……豪贵之族所乘坐车，毋得用朱漆及五彩装绘，若用黝而间以五彩者听。民间毋得乘檐子，及以银骨朵、水罐引喝随行。
>
> ——〔元〕脱脱等《宋史·舆服志》

> 仁宗景祐三年，诏官非五品以上，毋得乘闹装银鞍，其乘金涂银装绦子促结鞍辔者，自文武升朝官及内职、禁军指挥使、诸班押班、厢军都虞候、防团副使以上，听之；仍毋得以蓝黄为绦、白皮为鞦辔。民庶止许以毡皮纯绸为鞦。
>
> ——〔元〕脱脱等《宋史·舆服志》

宋仁宗的这些约束还是相当全面的，对于朝廷官员、豪贵之族和普通百姓的出行都做了详细的规定。但上有政策，下有对策，这些细枝末节的规定往往过了几年，官员和百姓就不放在心上了。

等到宋神宗时，皇帝又亲自下诏约束平民百姓对车辆的装饰，严禁百姓用五彩装饰车辆，也不许出行的时候在车前面摆列仪物。

但接二连三的禁令并没有什么用，由于从上到下的整个社会风气已经基本形成，只靠约束百姓完全起不到效果。到宋徽宗时，整个社会的消费观念已经达到了"奉身之欲，奢荡靡极"的程度，不管是居家穿衣，还是外出游玩，大家都"以壮丽相夸，珠玑金玉以奇巧相胜"，生怕比不过邻居家的豪车美服，甚至之前普通百姓不能乘坐轿子的规定也没人听从了。

在大臣给宋徽宗的请示中，提到了当时京城中人坐暖轿的现象。不仅富商豪族习以为常，连娼优等社会下层人也都在京城中肆无忌惮地坐轿，甚至在祭祀期间去往宫庙的时候也丝毫不畏避。这种出行行为实际上已经构成了僭越，宋徽宗在此情况下，才下诏明确说明不是当官的人，不许乘坐暖轿。

豪车被抢走了，皇帝也横不起来了

宋徽宗在位的末年，老祖宗攒下来的家底儿就已经基本被败光了。靖康二年（1127）四月，金军攻取北宋首都，掳走徽、钦二帝，这也是我们常说的靖康之难。

在靖康之难中，被金军俘虏的皇室宗亲、王公大臣、技艺工匠、男女百姓等 10 万余人，分 7 批先后押解北上，至于皇上出行乘坐的五辂，自然也被金军所掳。在北上的路上，宋徽宗和皇室宗亲甚至没有饭吃，更别提坐车出行了。

正月二十五日，虏索玉册、车辂、冠冕一应宫廷仪物，及女童六百人、教坊乐工数百人。

——〔宋〕韦承《瓮中人语》

也就是在这次事件中，皇帝的御用五辂和辇基本都遗失了。有趣的是，金人似乎也对皇帝的五辂非常感兴趣，在靖康之难发生之前，就曾经向宋钦宗索要过五辂，当时宋钦宗还一口允诺了，只不过后来金人并没有因为宋钦宗的服软就做出让步，而是一口气攻陷了北宋。

靖康之难后，一直到南宋时才恢复五辂之制。但这个时候，南宋已经是偏安一隅，不复往日盛况了，就连重新造五辂及大安辇、逍遥辇、七宝辇等皇帝御用车辆的规格也都不如之前了。

南宋高宗在位期间对逍遥辇和平辇进行过重新制作，在本次制作中，逍遥辇的制作标准大幅下降。以前的逍遥辇金涂银装，既有朱漆扶版，又有鱼钩、梅红绦等装饰品，而重新制作的逍遥辇连四面的窗帘都没有了，简简单单的一辆低配车。

平辇还不如逍遥辇，逍遥辇好歹有个遮风避雨的屋子，而平辇连个小屋子都没有，基本和平民百姓坐的小车差不多了。

隆兴二年（1164），宋孝宗给德寿宫制作七宝辇的时候，负责制作车辆的御辇院官员称按照以前的制度，饰品要用玉，车上垂下的网幂要用七宝，挂坠要用珍珠，但是宋孝宗秉持着勤俭节约的原则，用涂金代替玉，用角牙代替珍珠，实现了成本的大幅度下滑。即使如此，宋孝宗也很少在出行的时候使用七宝辇。他在宫中出行的时候，大多都是骑马出行，可能是皇帝尚且如此，所以重华宫和寿康宫也没有制作新辇。

整体来看，宋朝的出行风格演变还是很有戏剧性的，建朝之初，百废待兴，从上到下都以节俭为荣，好不容易靠开源节流赚了点钱，碰上几个不懂珍惜的败家后代，就把老祖宗打下的基业拱手让人了，然后再次重复前面的老路，把苦日子又过上一遍。

第五章

不用『996』的年代，
休闲时光都能做什么？

| 去瓦舍勾栏听个小曲、看个戏，
要啥 LiveHouse

现代的很多都市青年在闲暇时间都待在家里玩游戏、刷短视频、看电影，去看个戏剧或者去个 LiveHouse（小型现场演出场所）就已经算是出远门了。这在很大程度上归功于信息通信技术和各种智能终端的发展，人们可以足不出户欣赏娱乐演出。

在宋朝，如果你沉迷于各种户外演出，那比现在可能还要幸福很多——抢票难度小，演出场所大，还有近距离接触明星的机会，绝对赚回买票钱。

超大型的表演场所，规模顶三分之一个"鸟巢"

宋朝都市经济的蓬勃发展培育出很多爱消费、爱玩乐，有着丰富精神需求的市民。他们愿意为文化产业花掉手中的铜钱和银子，也大大促进了宋朝文化产业的发展。

在这期间，瓦舍勾栏得到了迅猛的发展。虽然后世把瓦舍和勾栏连在一起说，但这两个名词确实是两种不同的场所。

瓦舍，又称瓦子、瓦肆、瓦市，兴起发展于北宋，在两宋时期一直保持高速发展的态势，宋朝灭亡之后才逐渐衰落。

至于瓦舍为什么叫这个名字，大概是取自"来时瓦合，去时瓦解"的意思，来的时候大家一窝蜂全来了，散的时候又一溜烟都走了，易聚易散，所以成为放荡不羁弟子的流连之地。

> 瓦舍者，谓其"来时瓦合，去时瓦解"之义，易聚易散也，不知起于何时。顷者京师甚为士庶放荡不羁之所，亦为子弟流连破坏之门。
>
> ——〔宋〕吴自牧《梦粱录》

综上所述，瓦舍最早应该是简易的瓦房，可以容纳的人数极多，并可进行歌舞、弹唱、戏剧等娱乐表演。后来因为商业贸易，从四方来京城做生意的人也经常聚集在这里，成为城市商业性游艺区。

> 东京相国寺乃瓦市也，僧房散处，而中庭两庑可容万人，凡商旅交易，皆萃其中，四方趋京师以货物求售转售他物者，必由于此。
>
> ——〔宋〕王栐《燕翼诒谋录》

勾栏又叫勾肆、构栏、游棚、乐棚，勾栏这个词的本义是曲折的栏杆，后来被代指为瓦舍里设置的演出棚。大的瓦舍有十几座勾栏。

> 俳优棚曰钩栏。
>
> ——〔宋〕胡继宗《书言故事·拾遗类》

当时演出的舞台往往是一个正方形的大台子，台四周常常围有栏杆，类似于现在拳击、相扑等竞技类节目的舞台样式，一方面是为了装饰，另一方面也可以作为安全装置。因为台子四周都设有栏杆，所以后来就把演出棚也称为勾栏，即所谓的"勾栏棚"，以至于整个宋朝商业演出的剧场名称就这么草率地定下来了。

在宋朝，演出棚里上演着杂剧、诸宫调、合生、商谜、傀儡、球杖踢弄、讲史、小说、小唱、掉刀、影戏、散乐、相扑、杂班、说诨话、杂手技、弄虫蚁等诸多艺术形式。夏天的时候太阳晒不着，雨水淋不着，可以供人们踏踏实实地待在里面看演出。

瓦舍勾栏并不像后世很多人传的一样，只有下九流和寻花问柳的人才会去。宋朝的瓦舍勾栏是正经经营的、供大众休闲娱乐的地方，男女老少都喜欢买票来看，在大小城市里都有瓦舍勾栏的分布。

汴京就有朱雀门外的新门瓦子、城东南桑家瓦子、旧曹门外朱家桥瓦子、梁门西边州西瓦子、相国寺南保康瓦子、旧封丘门外州北瓦子等诸多瓦舍。遍布在城市东南西北各个方位，不需要您走太远的路就能找着看戏的地方。到了南宋，临安城亦有多处瓦舍，有"南瓦、中瓦、大瓦、北瓦、蒲桥瓦""城外有二十座瓦子""余外尚有独勾栏瓦市，稍远"，城里城外的瓦舍数量很多，大大降低了人们看演出的门槛。

瓦舍的占地面积可真不小，据《梦粱录》数据显示，梁门外"西去州西瓦子，南自汴河岸，北抵梁门大街，亚其里瓦，约一里有余"，也就是说，从梁门大街一路往南走，走到汴河岸，一共要走一里多路，折合成现在的计量方式，大概是530米，如果宽度按长度的三分之一算，也就是170米长，面积大概有90000平方米，而"鸟巢"体育馆（国家体育场）的建筑面积一共258000平方米，那时候的瓦舍大小已经顶上三分之一个"鸟巢"了，规模不可谓不大。

您一定好奇，这么大的场子能容纳多少人呢？最大的瓦舍有20多座勾栏，每座勾栏大致能容纳400人，这样算下来，大致能同时容纳下七八千人。

而且，宋朝瓦舍演出的时间很长，密度很高，从早到晚，连着上演一场又一场的剧目，游客"终日居此，不觉抵暮"。到了晚上亦有演出，"大抵诸酒肆瓦市，不以风雨寒暑，白昼通夜，骈阗如此"。一天下来观众流量达数万人。一年无论冬夏，不避风雨，通宵达旦，全天候营业，全年无休，可谓娱乐无极限，交易无止境。算下来一年一个瓦舍的人流量就能达到数百万人。

这么大的人流量给瓦舍的发展提供了巨大的支持，瓦舍的经营者和表演者也都能赚得盆满钵满。

在巨大的利益驱动下，这瓦舍与瓦舍之间也展开了激烈的竞争：地理位置是不是在市中心、商业街这种人流量大的黄金地段；表演设施是否完善，是不是能为演出效果锦上添花，至少不能拖演出后腿；请来的艺人是不是表演能力强，受观众喜欢。

这些都是影响瓦舍能否在激烈的市场竞争中取得胜利的关键因素。因此各个有一定财力的瓦舍都在抢黄金地段，挖演得好、观众肯捧场、吸金能力强的表演者。

能进入瓦舍表演的艺人大多是表演能力和观众缘比较强的，如果表演能力不好，不受观众喜欢，一般来说都进不了瓦舍表演，只能在街头巷尾流动演出。所以他们都分外珍惜在舞台上表演的机会，想方设法提升自己的演出质量，钻研新的、有吸引力的演出，不断更新自己的表演内容、丰富表演技巧、完善表演形式，吸引更多观众来捧场，以提高自己的身价，避免在激烈的竞争中被淘汰。这也从侧面推动了宋朝的瓦舍推出更多精彩的剧目和表演。

号外号外，百姓喜闻乐见的瓦舍开业啦

瓦舍作为市井间的主要娱乐表演场所，不但请来了京城里的各路艺人，还会聚了当时主流的各类民间表演，如上竿、相扑、鼓板、小唱、斗鸡、说诨话、杂扮这些表演形式，都是瓦舍中天天都能看到的。

> 自早呈拽百戏，如上竿、趯弄、跳索、相扑、鼓板、小唱、斗鸡、说诨话、杂扮、商谜、合笙、乔筋骨、乔相扑、浪子、杂剧、叫果子、学像生、倬刀、装鬼、砑鼓、牌棒、道术之类，色色有之。
>
> ——〔宋〕孟元老《东京梦华录》

具体来说，瓦舍中的表演形式可以分为以下几种：

1. 说唱

宋朝的说唱可跟 hip-hop（嘻哈）一点关系都没有，它类似于传统相声中"说、学、逗、唱"中的说和唱的含义。"说"主要是指讲故事，"唱"主要是指弹唱。具体又分为以下四种：

（1）说话

说话按题材又分多种，其中讲小说以灵怪、传奇、公案等故事为主；说经以演说佛书为主；讲史以讲述前代兴废、争战之事为主；合生（即合笙）以演出者随兴指物题咏为主；等等。

作为瓦舍内的主要表演节目，说话是最吸引普通百姓的一种节目形式，各种新鲜离奇的小说和爱情故事让人们离开瓦舍之后仍回味无穷。

（2）说诨话

说诨话可以按字面意思来理解，就是说诙谐逗趣的话。在瓦

舍之中有不少精通说诨话的艺人，比如北宋时有一位叫张山人的民间艺人，就很善于说诨话，在日常语句中夹杂了很多讽刺和逗趣的语言，博得大家开心。

（3）弹唱

弹唱主要是由单人或者多人在乐师的伴奏下进行演唱，除了大家比较熟悉的李师师，当时瓦舍之中还有徐婆惜、封宜奴、孙三四等人也都是弹唱的名角。

（4）吟叫

吟叫俗称叫果子，是由小贩生意人叫卖果子的声音演变而来的艺术形式，不仅在瓦舍中很受平民百姓的喜欢，有的时候还会吸引到深宫内苑的帝王后妃们观看。

2．讲故事

宋朝"讲故事"主要分为两种：

（1）诸宫调

诸宫调是从变文和教坊大曲、杂曲的基础上发展而来的，因集若干套不同宫调的曲子轮递歌唱而得名。诸宫调以说唱为主，又因为它用琵琶等乐器伴奏，故又称"弹词"或"弦索"。诸宫调由韵文和散文两部分组成，演唱时采取歌唱和说白相间的方式，属叙事体，其中唱词有接近代言体的部分。诸宫调为后世的戏曲音乐开辟了道路。

诸宫调的创始人不是传统的士大夫，而是北宋京城勾栏的说唱艺人孔三传所创，然而孔三传本人就像一个谜一样，现在从史书中查阅他的资料，你会发现孔三传无生卒年，也无较为详细的经历介绍，似乎就像历史上虚拟出来的人物一样。

（2）杂剧

杂剧是在唐代参军戏的基础上发展而来的。在宋仁宗时期之后，也成了瓦舍勾栏里常见的表演节目。宋杂剧，其特色在一个"杂"字，它综合了滑稽表演、歌舞和杂戏等元素，在北宋的东京和南宋的临安都很流行。演出一般由四个角色组成，有的戏也会再增添一人，由五个人来演。北宋杂剧被分为"艳段"和"正杂剧"两个部分。"艳段"是在正剧上演前表演的一段日常生活中的熟事，作为正式部分的引子。"正杂剧"又分为两段，表演一个完整的故事，是杂剧的主体。到了南宋，杂剧变为三个部分，即"艳段""正杂剧""杂扮"。

拿宋朝的《张协状元》来说吧，会先有人念一段故事简介，"这番书会，要夺魁名，占断东舰盛事之后"，席间渐渐安静下来。简介并不会完全念完，而是讲一半，吊足观众胃口，让观众更专注地看剧。

这剧的剧情在今天看已经有些烂俗了，就是穷书生发家致富后抛弃发妻的故事，但这出戏淋漓尽致地体现了宋朝杂戏一波三折的特点。话说这穷书生进京赶考，他在途中碰见了漂亮姑娘，俩人结亲，等小伙子进京中状元后，见利忘义抛弃发妻。别的故事写到这儿就已经进入结尾了，但这出戏里，姑娘因为长得神似宰相早逝的女儿，被宰相收养，又重新嫁给小伙子为妻。这么个结局您能想到吗？宋朝人还真就这么写。

杂扮则是杂剧的散段，由民间的滑稽戏演变而来，主要以逗笑的方式吸引更多的观众。当时的民间艺人去东京城里演出的时候，会放大山东、河北等地居民一些有趣的地方，用来博大家一笑，幸亏当时没有太多的社交媒体可以分享杂扮，否则一定会被抨击为地域歧视的。

3.表演

（1）杂手艺

以表演为主的演出形式主要就是杂技了，但在宋朝它还不叫这个名字，而是叫杂手艺，其中包括踢碗、踢瓶、弄花鼓槌、踢墨笔、弄球子等。

大家比较熟悉的大概就是"踢碗、踢瓶"此类的杂技，表演小道具时叫"踢"，表演大道具时叫"蹬"，简单来说就是竖起双足蹬、顶酒坛、罐子、瓶子和其他的器皿。

弄瓶、弄盏类似于现在左右手扔球、扔火棒的表演，这种全靠手快的民间艺术如今已经不多见了。

（2）相扑

相扑本来是宋朝士兵们闲时进行的军事表演，但后来慢慢就发展为瓦舍表演和正式比赛的形式。这一点大家在《水浒传》中多有见识，比如浪子燕青、玉麒麟卢俊义、没面目焦挺等人都是相扑高手。

其中又以浪子燕青的相扑技术最为精巧，他曾经击败过擎天柱任原这个顶尖高手，就算任原身长一丈，而燕青身材瘦小，燕青依然靠相扑的步法和技巧让任原从台子上掉了下去。

> 大汉转身终是不便，三换换得脚步乱了。燕青却抢将入去，用右手扭住任原，探左手插入任原交裆，用肩胛顶住他胸脯，把任原直托将起来，头重脚轻，借力便旋，五旋旋到献台边，叫一声："下去！"把任原头在下，脚在上，

直撺下献台来。

——〔明〕施耐庵《水浒传》第七十四回

除了上述节目，还有一些其他表演形式，比如傀儡戏、皮影戏、木偶戏等，都是大家喜闻乐见的节目。

如此之多的艺术表演，感觉在瓦舍泡上一天都看不完，逛吃逛喝，按自己的喜好挑选自己想看的表演，闲时在这儿消磨一天的时光，沾染一身的烟火气儿，也是一件怡然自得的事情。

踢球 | 超国民待遇：蹴鞠踢得好，官位跑不了

在宋朝会踢球是件非常时髦的事儿，从皇亲国戚到平民百姓都有踢球的，可以说是全民运动了。那时候踢球叫蹴鞠，甚至很多人因为蹴鞠好，备受皇帝赏识，从此平步青云。这个操作就让人有点迷惑了，看看现在的中国男足，也没听说过有这种超国民的待遇。

蹴鞠之所以能在宋朝这么流行，是因为宋朝的经济发展实在是太超前了。首先是城市格局的变化为蹴鞠这种运动的大众化奠定了基础。如果只是玩个单机游戏，可能也不需要什么城市格局的变化，但是对于蹴鞠这种需要固定场地和多人参与的运动来说，就需要有一定的娱乐场所用于训练和比赛了，如前文中对宵禁的

开放和夜市的兴起，就为市民提供了更多的娱乐场所，为开展群众性的蹴鞠活动提供了便利的条件。

其次，瓦舍的出现也为蹴鞠构建了良好的发展条件。作为大型的娱乐场所，瓦舍不仅为戏剧、杂技、蹴鞠等节目提供了固定的场地，让消费者可以通过付费欣赏到艺人和运动员的表演，也可以让艺人和运动员通过斗鸡、蹴鞠和相扑等活动得到报酬。

蹴鞠是个什么玩意儿？

蹴鞠中的"蹴"是踢的意思，"鞠"是一种球。最早的"鞠"外包皮革、内实米糠，唐朝时，出现了充气的球也被称为"气球"。比起前代普遍用实物填充的球，充气的球更不容易伤到人。

香皮十二，方形地而圆像天。

——〔明〕《蹴鞠谱》

"气球"外边是经过水火烘焙处理的皮革，将这种皮革斜切成十二片后再缝合就制作完成了。比起唐代用八片制球，宋朝多了四片，更接近现代足球三十二片的标准，让球更圆更好踢。

古之健色，重十四两。

——〔明〕《蹴鞠谱》

宋朝做球非常精细，有严格的重量规定，正好是十四两。由于踢球的人很多，有专门的作坊来做这种球。很多作坊为了打响自家球的名气，纷纷给自家的球起了有特色的名字，如六锭银、虎掌、八月圆、金锭古老钱、十二银等，颇有点现代李宁、安踏等体育品牌用 logo（商标）宣传品牌的意思。

宋朝的蹴鞠，跟咱现在的踢法也差不太多，在一些具体规则上有所差异。蹴鞠有"筑球"和"白打"两种玩法。

筑球更强调竞技性，把参赛者分成两队，正儿八经按照规则对抗。抽到先发的队伍来开大脚射三丈高的门，射过去后对方需要接球，若没接着，球落地了这一局就结束了，谁这一局射过的球门次数多谁获胜。如果开第一脚的人没射过去，这一队的其他队员还可以去接球，直到球踢过去。若没踢过去就落地了，这一局就结束，对方获胜。

现在足球比赛是每队 11 个人，宋朝的正式比赛是每队 12 个人或 16 个人，平时自娱自乐的话就视当时参加游戏的人数而定。

白打则更注重观赏性，怎么把球踢得好看怎么来，有点儿表演赛的意思。除了手以外的地方都可以碰球。比如有一招儿叫"野马跳涧"，非常好看，右脚将球踢高过头顶，再用头顶球，让球稳稳地落在左脚上，左脚再将球踢高过头顶，用头顶球，然后再用右脚接球。这种白打的评判标准就是动作做得是否标准，球踢得是否漂亮，是否够高，角度是不是合适。由于动作繁多，观赏性极高，还不需要球门，成了当时人们爱看、爱参与的游戏。

宋朝人为了踢好白打，甚至总结出来一套包括肩、背、拍、拽、捺、控、膝、拐、搭、肷的"十踢法"。

> 肩如手中持重物，用背慢下快回头。
>
> 拐要控膝蹲腰取，搭用伸腰不起头。
>
> 控时须用双睛顾，捺用肩尖微指高。
>
> 拽时且用身先倒，右膝左手略微高。
>
> 胸拍使了低头觑，何必频频问绿杨。

—— 〔宋〕陈元靓《事林广记》

宋朝最痴的球迷竟然是赵匡胤

宋朝有很多球迷、球痴，最大的粉丝便是皇帝陛下了。宋朝从赵匡胤开始，就有了皇帝下场踢球的记录。在上海博物馆收藏的《宋太祖蹴鞠图》中，赵匡胤正非常专注地和弟弟一起踢球，神采飞扬。据说宋太祖特别擅长白打，能灵活地运用肩、头、胸、脚等身体部位。旁边4人分别是赵普、楚昭辅、党进、石守信，全是宋朝的开国大功臣，可以说是超豪华阵容了。

踢球不仅成了皇帝平时的娱乐活动，在重要的外交场合它还发挥了迎接外宾的作用。

> 使人到阙筵宴，凡用乐人三百人，百戏军七十人，筑球军三十二人，起立球门行人三十二人，旗鼓四十人，并下临安府差。
>
> ——〔元〕脱脱等《宋史·礼志》

《宋史》里面便记述了欢迎金国使臣时的礼仪安排，不仅有传统礼仪，还有筑球队为金国使臣提供表演。踢球已经成了"礼"的一部分，走入了正式的外交场合，也从侧面反映了宋朝上层社会对蹴鞠的喜爱和赞赏态度。

踢球不仅在王公贵族那里受欢迎，在普通民众那里亦然。每当温暖的春风吹散凛冬的寒意，就有大批游人出城踏青、踢球。《水浒传》里也经常会有庄园主带着闲汉出去踢球玩耍的场景。

> 只见这殷天锡骑着一匹撺行的马，将引闲汉三二十人，手执弹弓、川弩、吹筒、气球、拈竿、乐器，城外游玩了一遭。
>
> ——〔明〕施耐庵《水浒传》第五十二回

不光是男人喜欢踢球，宋朝的妇女也颇有巾帼不让须眉的气势，在球场上，风采不输男性分毫，还组成了足球队，上场踢球。

> 宋女弟子队一百五十三人，衣四色，绣罗宽衫，系锦带，踢绣球，球不离足，足不离球，华庭观赏，万人瞻仰。
>
> ——〔宋〕马端临《文献通考》

女子踢球也是下了苦功夫练的。拿脚控球可不是件容易的事，光这一点就需要给宋朝的女子足球队竖大拇指。比起男足，女子踢球观赏性更高的地方在于她们着华美的衣裳，摇曳的身姿让她们在球场上大放光芒。

蹴鞠表演也成了民众喜闻乐见的节目，每当有蹴鞠表演时，人总会把球场围得水泄不通。

蹴鞠，在宋朝受到民众的普遍喜爱并不奇怪，毕竟，喜欢玩游戏是人的天性。宋朝又是市民文化高度发达的朝代，人们有钱、有闲，对娱乐生活的品质也非常看重。踢球既有竞技性的刺激，又能玩出很多新花样，自然就受到很多人的追捧和热爱。

球踢得好，下一个超级明星就是你

在宋朝，蹴鞠这项运动既有着上层支持，又有着庞大的群众基础，随之而来的便是广阔的市场。在宋朝，蹴鞠的商业化高度发达，产生了很多与蹴鞠相关的行业。如出现了很多制作"鞠"的作坊，市场上还涌入了大量与蹴鞠相关的周边产品，如孩儿蹴鞠图窑州磁枕、蹴鞠图陶枕、牙雕蹴鞠圆笔筒、蹴鞠纹铜镜等，这些商品绘制上生动有趣的蹴鞠场景后也变得活泼了很多。

由于蹴鞠的流行，宋代还出现了很多专门从事蹴鞠表演的职业选手。他们自发结成社，不同的社之间会举行比赛，爱看球的就会买票来看。其中规模比较大的一个叫作齐云社，在《蹴鞠谱》中便有记载：

> 夫蹴鞠者，儒言蹴鞠，圆社曰齐云。
>
> ——〔明〕《蹴鞠谱》

作为蹴鞠爱好者，齐云社平日里肩负的任务其实挺艰巨的，毕竟发展足球事业不是一件容易的事情。

首先，他们要大力宣传社团组织，吸引更多的人参加齐云社，把组织做大做强，让大家想起足球的时候就联想到齐云社，然后屁颠屁颠来交报名费。

其次，要定期举办蹴鞠竞赛，如同现在每年在世界各地举办的足球比赛一样，赛前要做好预热，组织知名球员参加联赛，收取报名费用，再吸引普通观众前来观赛，收取门票费。

最后还要找一些做"自媒体"的文人帮忙写软文，宣传蹴鞠运动的好处，把齐云社宣传一番。"世间子弟千般艺，只此风流最夺魁"，不仅吹嘘了蹴鞠，还顺便拉踩了其他运动方式。"宋祖昔日皆曾习，占断风流第一家"，这都直接把太祖皇帝拉出来当形象代言人了，更加吸引一些富家子弟参与到蹴鞠运动中。

> 更有蹴鞠、打球、射水弩社，则非仕宦者为之，盖一
> 等富室郎君、风流弟子，与闲人所习也。
>
> ——〔宋〕吴自牧《梦粱录》

齐云社最主要的经济来源是在瓦舍卖票表演。作为知名的球社之一，他们的票根本不愁卖，喜欢看蹴鞠的民众会抢着来买票，常常有一票难求的场景出现。

齐云社内会有训练，由教头教他们踢球，帮他们精进球艺，以提供更好的表演给观众。齐云社还设置了许多社规，例如"狂风起不踢，酒后不可踢"。管理一群气血方刚的大小伙子不是件容易的事，设置这些规定有助于更好地规范球员行为，维护社内秩序，促进球社管理。

齐云社还出过一个著名的大球星——高俅，在《水浒传》中他是反派大Boss（领袖），但在球场上，他也能称得上是二线运动员了，毕竟从苏轼的小吏到当朝太尉，改变命运全靠他的球技。

高俅刚出道的时候，没背景、没人脉，有点小才干，才在苏轼门下当了一名小吏。苏轼赴任中山府通判时，想把高俅留给翰林学士曾布，但曾布当时手边并不缺人，没有理由再多养一个闲人，便推辞不要，最后苏轼将高俅送给了驸马都尉——画家王诜。

有一次王诜与端王赵佶在一起闲谈，赵佶很喜欢王诜所用的篦刀子，借来梳理自己的鬓角。王诜回府后马上找出一把相同样式的新篦刀子，派高俅送往端王府。巧的是，高俅赶到王府时，赵佶正和下人们在园子里蹴鞠。高俅站在一旁看了一阵子，觉得端王府里的人踢球水平也就那么回事，没什么了不起的。端王看见高俅不屑的神色，过来问他是否也会踢球。

"会踢。"高俅小心答一句。

"噢，你既然会踢，就过来和我对踢吧。"赵佶随便说。

没想到，高俅一碰到球，当真显出他不俗的技艺。他既会踢球也会传球，和赵佶配合得十分默契。

赵佶大喜，对高俅的同伴说："你们回去告诉驸马都尉，多谢他的篦刀子，这个高俅我也留下了。"

很快，高俅就成了端王身边的大红人，估计这个时候的高俅可能对自己的定位还只是一个负责陪玩的下人，没想到后来宋哲宗去世，哲宗无子，其弟赵佶继承皇帝位，是为宋徽宗，高俅这个小球童也从此踏上飞升之路。

除了高俅，还有直接造成北宋灭亡的宰相李邦彦，尤爱蹴，球技高超，曾以"踢尽天下球"自诩。他虽然不是靠踢球上位，但是在他上位之后，也没少踢球。

> 邦彦尝自言赏尽天下花，踢尽天下球，做尽天下官，都人亦呼邦彦为浪子宰相。
>
> ——〔宋〕徐梦莘《三朝北盟会编》

靠踢球当高官，在宋朝并不是稀罕事，但还是要自己站得直、立得正才能保得生前身后名，否则后人提起来蹴鞠的时候，先想起来的也不会是高俅、李邦彦的球技，而是他们在国家大是大非面前的糊涂。

夜市　**熬夜达人幸福感爆棚的年代，睡什么睡，起来"high"**

可能是平时加班的时间太长了，现在的年轻人十个有九个都是夜市爱好者。夜幕降临，华灯初上，与二三好友一起走进美食街，喝一碗冰粉，涮一份串串火锅，再来点啤酒，淘一淘有趣的小玩意儿；辛勤的小贩们把沿街的铺子摆得满满当当，热情地召唤每一个沿途的顾客光顾，承载着满满的城市烟火气儿。宋朝的夜市往往灯火照天、车马不绝、人物嘈杂，可谓是极繁盛处。宋朝的夜市究竟是怎么火起来的，快来一探究竟吧。

政府下了解禁令，夜猫子们"high"起来

在现代，饿了出去吃夜宵是非常正常的事。常年 24 小时开张的便利店，为您提供干净便利的食物，"M 记"（麦当劳）黄色标志下是辛苦了一天的人们享用汉堡和炸鸡的身影，小巷中的苍蝇馆子给您提供热腾腾的秘制美食。

可在宋朝以前，夜市是被明令禁止的。中华传统文化里讲究顺应天时，天人合一，人们认为昼为阳，夜为阴，阳动而阴静，人应该顺应自然规律生产和生活，日出而作，日落而息。加上古代没有电灯，出门走夜路不安全，晚上让大家出门还会增加夜间犯罪的概率，加大维护治安的成本。我国最早记载夜禁事宜相关职司的朝代可追溯到周朝。汉朝时明确记载了官府下令设置的宵禁制度。

> 钟鸣漏尽，洛阳城中不得有行者。
>
> ——〔汉〕《禁夜行诏》

汉安帝颁布诏令明确规定，当钟声响、沙漏尽的时候就进入了宵禁时刻，不能再有行人行走。自此之后，宵禁制度便正式展开。宵禁制度，一直被严格执行到唐朝。

京夜市，宜令禁断。

——〔宋〕王溥《唐会要》

在唐朝，由执金吾专门负责宫中、京城的昼夜巡察、警戒。每到宵禁时分，就会有巡街的人敲响街边的鼓（又称为"暮鼓"），敲响暮鼓之后，各个城门、街口都关门落锁，行人不能再自由通行。

晓鼓人已行，暮鼓人未息。

梯航万国来，争先贡金帛。

——〔唐〕王贞白《长安道》

在晚间由于宵禁的存在，人们不能出去逛街、吃好吃的，店铺也要在宵禁前关张。唐朝后期，虽然因为人们越来越喜欢出去玩乐，政府也睁一只眼闭一只眼对宵禁越管越松，但明面上晚上出去还是违法的行为，日头一落，官府还是会敲鼓示意人们不能出行。一直到宋朝宵禁制度才放开。

夜漏未三鼓，不得禁止行人。

——〔宋〕李焘《续资治通鉴长编》卷六

宋太祖乾德三年（965），皇帝给开封府下了诏令，夜市可以开到晚上三鼓。实际上行人可以晚上五鼓的时候还在外面走，到了北宋后期，宵禁就完全放开了，全然没有对时间的要求，夜猫子们可以尽情在夜晚出去 high 啦。

太祖乾德三年四月十三日，诏开封府，令京城夜市自三鼓以来，不得禁止。

——〔清〕徐松《宋会要辑稿·食货》

宋朝放开宵禁制度一方面是顺势而为，另一方面是考虑到人口的激增和经济的发展。只有开启了 24 小时自由活动的先例，才能真正实现由传统的农耕自然经济向商品经济发展的转变。

举个例子，唐朝人口过 10 万的城市仅有 17 座，而宋朝 10 万人口以上的城市多达 53 座，其中开封和杭州成为众所周知的不夜城。酒肆也好，青楼也罢，都没有了强制关门的时间；夜市未了，早市又开，生产资料可以在人们之间实现自由流通，大大促进了宋朝商品经济的发展。

解禁对于朝廷来说也是一件好事，宋朝对买卖交易税和商品流通税进行征收，其中，买卖交易税即住税，税率 3%，商品流通税即过税，税率 2%。从宋真宗在位的时候开始，来自商品税与官府专卖的收入就超过了农业税，到熙宁年间（1068—1077），农业税的比重已经降到了 30%。

南宋也是一样的，淳熙至绍熙年间（1174—1194），非农业税更是接近 85%，农业税比起征榷来说，已经微不足道。

> 凡州县皆置务，关镇亦或有之；大则专置官监临，小则令、佐兼领；诸州仍令都监、监押同掌。行者赍货，谓之"过税"，每千钱算二十；居者市鬻，谓之"住税"，每千钱算三十。
>
> ——〔元〕脱脱等《宋史·食货志》

再来看看宋朝国家年度财政收入。在正常情况下，北宋的岁入为 8000 万贯至 9000 万贯，南宋岁入为 10000 万贯，而唐朝岁入为 3000 余万贯。是不是有点吃惊？大家心中的大唐盛世在经济发展这方面反而不如宋朝，这在一定程度上要归功于宋朝放开宵禁的改革政策，让老百姓可以从限制经济发展的桎梏中走出去。

同时宋朝对重要的民生商品，如盐、酒、茶、醋，采用官商结合售卖的方式，利用市场机制推行专卖，出现了类似于现今的招投标制度，即扑买制，由商贾、富豪承包买卖。商品经济的蓬勃发展也让人们的赚钱观发生变化。

> 凡人情莫不欲富，至于农人、商贾、百工之家，莫不昼夜营度，以求其利。
>
> ——〔宋〕蔡襄《福州五戒文》
>
> 无问市井田野之人，由中及外，自朝及夕，唯钱是求。
>
> ——〔宋〕司马光《上皇帝直言书》

试问谁不喜欢钱呢？赚到更多白花花的银子就可以买更大的房子，坐更豪华的马车，穿更华丽的衣服。前朝还因抑商政策而克制一些，到了宋朝，商人的地位上来了，赚钱的动力也有了，老百姓有太多的消费场所可以花钱，对于金钱的欲望也更加强烈，渴望赚钱，并以能赚到更多钱为荣。

商贩们想要通宵开店运营，爱玩爱享受的市民想通宵来玩，因此，夜市有着巨大的市场发展空间。政府则希望多收商税，就把宵禁制度越放越宽，直到取消。这样，宋朝的夜市就开始了蓬勃的发展。

丰富多彩的夜市项目，包你玩通宵

宋朝的夜市被公认是所有朝代中最繁华的，吃的、玩的应有尽有。在一众夜市街中，最有名的要数州桥了。从皇城南的朱雀门出去，直往龙津桥，偏向东方便是州桥，龙津桥和州桥都对着皇城的御街，这基本就是夜市最繁华的地方了。各地来的商贾都在这里停靠，在这里会聚。这些揣着一把把白花花银子的商贾喜欢在这附近寻欢作乐，这也让州桥区域自然而然地形成了人流聚集的商业区。

光说吃饭的地方，就有包子铺、肉饼铺、分茶店、酒馆、小吃铺、水果铺……想吃什么，基本上都能在这儿找到。

当街有水饭、燐肉、肉干之类的小吃，有的小吃在后世还能找到踪迹，但有的小吃已经在历史长河中消失得无影无踪了。比如水饭，虽然曾出现在官府宴会的几道前菜中，但具体是什么小吃，现在已无从知晓。

王楼酒家主要是卖山珍野味，比如獾儿、野狐肉等，店里也有卖鹅、鸭、鸡、兔、鳝鱼等，每份大约不过 15 文，算是相当便宜。

按照宋朝一文钱折合现在人民币两毛钱到四毛钱的标准来算，这么一碗小吃也不过才三块钱，跟现在小吃街上的价钱差不多，比很多旅游城市的小吃便宜得多。

出朱雀门，直到龙津桥，卖的东西又不一样，主要有旋煎羊白肠、鲊脯、燘冻鱼头、姜豉、抹脏、红丝、批切羊头、辣脚子、姜辣萝卜等。到了夏天，又会有各种清凉解暑的吃食，有麻腐鸡皮、麻饮细粉、素签沙糖、冰雪冷元子、水晶角儿、生淹水木瓜、药木瓜、鸡头穰、沙糖绿豆、甘草冰雪凉水、荔枝膏、广芥瓜儿、咸菜、杏片、梅子姜、莴苣、笋、芥辣瓜儿、细料馉饳儿、香糖果子、间道糖荔枝、越梅、金丝党梅、香枨元等，像这一类食品，都是用梅红色的匣盒盛装，摆着售卖。

到了冬天，就又变成烧烤类的食品，包括盘兔肉、旋炙猪皮肉、野鸭肉、滴酥水晶、猪内脏等，夜市一直到龙津桥头的最后一家，卖须脑子肉的。通常人们称来这个夜市买东西吃为"杂嚼"。

龙津桥和州桥的夜市经常要闹到夜里的三更天，卖的东西价格不贵，种类甚至比现代的夜市还要丰富一些，根据冬天和夏天也会有不同的特色。

晚上也可以去大酒楼喝杯好酒，不过大酒楼通常都是有钱人去的地方，一般小老百姓的消费能力还是有点儿够不上，毕竟一杯酒动辄七八十文，也算一笔不小的数目。

　　向晚，灯烛荧煌，上下相照，浓妆妓女数百，聚于主廊槏面上，以待酒客呼唤，望之宛若神仙。

——〔宋〕孟元老《东京梦华录》

大酒楼被灯光映照得上下通亮，打扮得花枝招展的妓女们等着酒客光顾。有点社会地位的官员和有点钱的小老板通常是到里面消费和寻欢作乐的主力军，也不乏大富大贵之人出没其中饮酒、听曲、找乐子。

喜欢买小玩意儿的也绝不会失望。这儿有不少金器、银器、漆器供消费者挑选，各种珠子、坠子，妇女喜爱的胭脂水粉，小孩喜爱的小鼓、玩偶都能在这儿找到。

沿着州桥走，不远处在相国寺桥以南的保康门就有瓦舍，里面常常上演各种演出，各种戏耍都有可能在这儿看到，价格通常也不贵，适合喜欢看热闹的民众前来观赏。一趟下来，吃、喝、玩、乐、游、购、娱一条龙包您满意。

夜市之所以如此让人痴迷，离不开人与人的相融。结束了一天劳作的人们来到街上，乘着晚风的清凉，在街上吃着小吃，舒缓着一天的疲惫。喧闹声、欢笑声、小贩的叫卖声不绝于耳，街上熙熙攘攘、游人如织，让城市有了一种旺盛的生命力。

过节的晚上无事可做？逛夜市去

宋代有非常多的节日，有官方确定的圣节、元日和上元节等；有二十四节气的春分、清明、立秋、冬至等；还有端午、七夕、中元、中秋、重阳等节日。"祠部休假，岁凡七十有六日"，一年能放 70 多天假。每到过节，人们就会向夜市蜂拥而去，大街小巷热闹非凡。

宋朝正月十五上元节的晚上是街上最热闹的时候。大街小巷都点上花灯，街市各种表演团体竞呈歌舞百戏，锣鼓喧天，10 多里之外都能听见。包括击丸、蹴鞠、踏索上竿、张九歌吞铁剑、李外宁乐法傀儡、孟宣筑球等项目，其中舞狮子往往会成为全场的焦点，红火热闹的狮子表演常常引来众人围观。

上元节这天上街还是个偶遇爱情、与情人约会的好时机。平时养在深闺中的女性此时都可以通宵出行。少女、贵妇都会打扮得漂漂亮亮出门，她们穿着华丽精美的衣服，戴着精致典雅的首饰，玩个通宵再尽兴而归，遍街都能闻到女子身上散发出的幽香。很多才华横溢的少年郎也会趁此时出来猜灯谜、对对联，情窦初开的少女遇到风流倜傥的少年郎，一段美好爱情往往就从此展开了。

> 东风夜放花千树，更吹落，星如雨。宝马雕车香满路，凤箫声动，玉壶光转，一夜鱼龙舞。
>
> 蛾儿雪柳黄金缕，笑语盈盈暗香去。众里寻他千百度，蓦然回首，那人却在，灯火阑珊处。
>
> ——〔宋〕辛弃疾《青玉案·元夕》

很多人会在这天与人相约，或情人，或好友，一同在华灯宝炬、月色花光的美景中享受美好的时光。其他节日虽然不像元宵节这样浩大，但逛夜市通常也是不错的选择。

宋朝的夜市之繁盛，前朝未曾达到，后世也没再出现，可谓是仅此一朝。这与国民的富裕程度、政府宽松的经济政策、不断壮大的市民文化相关，可以说逛个三天三夜都不够。

第六章

老百姓在乎大国崛起，
也在乎小民尊严

<table>
<tr><td>小报</td><td>在宋朝玩"自媒体"，
皇帝都拿你没辙</td></tr>
</table>

在自媒体崛起之前，国内新闻资讯传播的主要途径还是以官媒和门户网站为主，不管是社会时事，还是娱乐八卦，都会有专门的编辑来负责稿件的撰写、审核和上架。

在宋朝，由于造纸术的飞速发展，报刊业也出现了一个发展的小高潮。当时也有个别编辑去做小报，刊登一些资讯，比如那些自带流量的才子佳人有什么新八卦了，哪个具有话题度的美女又蹭热度了，等等。这些小报算得上是中国历史上最早出现的非官方报纸了。

小报从一诞生就很 underground（地下），由于没有官方背景，基本处于被禁或者被严打的状态。虽然喜欢它的平民百姓很多，但是宣传部门的官员却对小报深恶痛绝。因为小报打破了官方媒体的市场地位，还经常以非官方的口径对朝廷官员和社会时事进行点评解说，甚至可以影响到官员的任免决策，有时候皇帝都拿小报没辙。

小报的出现，是偶然也是必然

先来说说宋朝的官方媒体，宋朝的邸报也是由中央集中管理的，在任何一个封建王朝，皇帝想的都是千秋万代的子承父业，所以对新闻宣传的工作抓得很严。在信息获取渠道极为稀缺的古代，没有公众号也没有门户网站，仅有的邸报是无法满足人们对新闻获取的需求的，这就造成了很多读者想看的东西在邸报上看不到。由于出版审查严格、邸报本身的时效性不强等几方面原因，邸报已经成为官员在衙门里喝茶时的读物，而不是人们看社会时事的报纸了。在这种背景下，小报就以不公开的形式诞生了。

可以说，小报的诞生是偶然也是必然，必然性体现在邸报已经无法满足读者的需求，必须有新的产品形态来满足人们日益增长的精神文化需求，偶然性体现在宋朝的印刷术和商品经济水平为小报的制作和市场空间奠定了基础，实现了小报能写得出来，还能卖得出去。

最初，小报的经营者和编写者是合二为一的，这部分"自媒体"写手在写稿的同时还负责内容运营工作，利用自己的线下渠道优势和内容创作的独特性，很快就得到了一部分种子用户，然后借助口碑相传，逐步突破了宣传部门对报纸发行的限制。

随着社会读者对小报这种新闻传播形式的认可，小报的销量越来越多，从事小报行业的人也越来越专业化，从最开始的个体户慢慢变成了专业化团队的运营。宋徽宗之后，民间出现了"专以探报此等事为生"的包打听，或者可以称其为自媒体素材的"记者"。其中又根据职业风险程度的高低，分为好几类：有专门找太监、宫女打听皇帝和后宫妃子之间的情感纠葛的，称为"内探"；有到朝中各部打听官员有没有受贿、有没有养小老婆、有没有升迁动向的，称为"省探"；有到各衙门和监狱大牢打探案件进展的，称为"衙探"。这些探子在完成素材的收集整理之后，再以小报的形式传播街市。

当时官方对于小报的定调是"坐获不赀之利"。这些小报通过各种渠道打听消息，而且每天兢兢业业地找客户、赚流量，说得直白一点，不管是策划、文案，还是商务、市场，在宋朝干"自媒体"这一行，无非就是为了混口饭吃。

> 近年有所谓小报者，或是朝报未报之事，或是官员陈乞未曾施行之事，先传于外，固已不可。至有撰造命令，妄传事端，朝廷之差除，台谏百官之章奏，以无为有，传播于外。访闻有一使臣及合门院子，专以探报此等事为生。或得于省院之漏泄，或得于街市之剽闻，又或意见之撰造，日书一纸，以出局之后，省部、寺监、知杂司及进奏官悉皆传授，坐获不赀之利，以先得者为功。一以传十，十以传百，以至遍达于州郡监司。人情喜新而好奇，皆以小报为先而以朝报为常，真伪亦不复辨也。
>
> ——〔清〕徐松《宋会要辑稿·刑法二》

从经济方面来说，宋代商品经济的繁荣发展，为小报的流通交易提供了经济基础，这一点我们不再赘述，只要在商品经济发达的朝代，就会存在数量巨大的信息需求。当小报的专业化程度不断提高，又可以反向促进读者群体的扩大。由于小报的阅读对象不限特定阶层，不管当官的，还是平民百姓，都可以买回家阅读，在市场经济发达的宋朝，这种商品流通方式满足了当时人们对于报刊读物的供需关系。

到了南宋，小报虽然还是名不正言不顺，但在普通市民之中已十分流行。如同现在人们获取新闻资讯的喜好一样，很多人都不喜欢看一板一眼的官方消息，而是喜欢从各种自媒体账号上面刷信息，由于小报的信息即时性和趣味性都比较强，很多时候在官方的邸报上不许发表的内容也可以在小报上找到踪迹，所以在百姓之间风靡一时。

从文化方面来说，小报的出现从侧面反映了当时人们受教育水平和知识文化水平的提高，当读报、看书不再是读书人的专利，普通百姓也可以在闲暇的时候买一份小报，蹲在树荫下面看看八卦消息，讨论一下时下流行的美女小姐姐，这说明人们的经济水平和文化水平都已经处于一个相对较高的位置，而人们日益提高的文化水平又会为小报提供更多的内容来源和素材，对于社会公共事件，也可以形成全社会内大范围的讨论。

小报也能搞垮大人物

小报平日里都是发表一些流量比较大的八卦新闻，但到了关键时刻，这些"自媒体"从业者还是有道德操守的。

宋朝大观四年（1110），权相蔡京祸国殃民的行径引起公愤，加上当时天气的原因，京城地区久旱不雨，天空又出现彗星，这让当时的宋徽宗不得不心里犯嘀咕。

这个时候，很多大臣借天灾异象弹劾蔡京，宋徽宗一气之下将蔡京逐出京师，希望可以免去天灾。这种让下属背锅的领导，在整个宋朝历史上都不少见，不管是岳飞这种忠臣名将，还是蔡京这种奸佞小人，只要是给皇上打工，就少不了旦夕祸福。

在蔡京被逐出京师之后，某小报就杜撰了宋徽宗处决蔡京的伪诏，说蔡京"目不明而强视，耳不聪而强听，公行狡诈，行迹诡谲，内外不仁，上下无检"，还代表宋徽宗进行了深刻的自我批评和反省，"不察所为，朕之过也"。

这可让小报一下子声名鹊起，连皇上的圣旨都敢伪造，宋徽宗也真的是没想到。但是小报这种来无影去无踪的"三无"产品，就像电线杆上的牛皮癣广告一样，连真正的源头都找不到，害得蔡京连续开了几次"新闻发布会"，才勉强让这次风波停息下来。

被小报搞得灰头土脸的大人物，不止蔡京。宋代知名的官方道德模范朱熹也曾经被搞得无计可施。

朱熹对于大家来说是老熟人了，在前文中，我们分享过他对房地产行业的一些见解，作为宋朝数一数二的理学家，朱熹曾官至浙东巡抚，还给宋宁宗当过老师，算是身居庙堂之上了。早年期间，这位大学者主要是靠着做教育培训机构、卖教辅资料起家的，也算是媒体业的同行，但是当了官之后，可能是新闻敏感度下降了，被后辈的小报盯上了，任由其编派，连还手的力量都没有。

南宋宁宗庆元二年（1196），南宋官方天天要求全国上下学习"存天理、灭人欲"的伟大思想，朱熹刚刚在官方媒体上发表了几篇关于加强道德建设的"学术论文"，紧接着，就被监察御史沈继祖弹劾，列出"不敬于君""不恤国家之利""玩侮朝廷"等十大罪状，其中包括"诱尼姑二人以为宠妾，每之官则与之偕行""冢妇不夫而自孕"。意思是说朱熹曾引诱两个尼姑做侍妾，出去做官时还带在身边招摇过市；朱熹私生活不检点，家中的儿媳则在丈夫死后还怀上了孕。

但在这件事中，很多事实的真相已经不可考据，比如朱熹儿媳妇怀孕的事情，朱熹的长子朱塾自小被送到老家婺源，22岁时在婺州的金华结婚了，绍熙二年（1191），朱塾病死家中。自从朱塾被送到婺源，朱熹就再没和儿子在一起生活过。而朱熹的儿媳妇潘氏嫁给朱塾的时候是 14 岁，朱塾病逝的时候，潘氏 29 岁，在做夫妻的 15 年间，与朱塾育有六个子女，二男四女，其中只有第二个儿子朱鉴被抚养成人，而朱塾病死时，朱鉴仅有 1 岁多，之后潘氏一直与朱鉴在徽州的娘家，朱熹当然不可能有机会与潘氏有染。

但是在庆元党禁中，这些空穴来风的小道消息都成了打击朱熹的把柄。当时的小报也在这个过程中推波助澜，不仅添油加醋地杜撰朱熹儿媳妇"不夫而自孕"的各种细节，而且还杜撰朱熹在台州做官时，看中了营妓严蕊，在审唐与正的案子时企图将严蕊屈打成招，这也是严蕊广见于野史的原因之一，因为这位小姐姐实在是太仗义了。

> 又台州官奴严蕊，尤有才思，而通书究达今古。唐与正为守，颇属目。朱元晦提举浙东，按部发其事，捕蕊下狱。杖其背，犹以为伍伯行杖轻，复押至会稽，再论决。蕊堕酷刑，而系乐籍如故。岳商卿霖提点刑狱，因疏决至台，蕊陈状乞自便。岳令作词，应声口占云："不是爱风尘，似被前身误。花落花开自有时，总是东君主。去也终须去，住也如何住。若得山花插满头，莫问奴归处。"岳即判从良。
>
> ——〔宋〕洪迈《夷坚志·吴淑姬严蕊》

大概意思是说，朱熹为了让唐与正获罪入狱，对严蕊严刑逼供，打了 500 杖，还觉得打得不够，又把她押到会稽再论处罚。然而在酷刑之下，严蕊宁死不屈。

但这件事情的真相本身也存在很多可疑之处，女主人公严蕊生平记载极少，主要是在民间或笔记小说有所记载，而且这些记载，大多还是重复《夷坚志》的内容，也就是说，这名叫严蕊的女主人公是否真实存在还是个问题。

小报捕风捉影的功力在这里就体现出来了，写小报的人不管真相如何，只管销量如何，不管朱熹老先生跟严蕊是不是有说不清道不明的暧昧，但在小报上就是这么写的。

长此以往，小报就有了散布谣言的味儿了，加上小报的内容不受限制，经常把朝廷秘闻和达官贵人的小秘密都登在报纸上，这让朝廷怎么受得了？！所以朝廷曾经三番五次对小报进行过严打。当时的吏部尚书周麟之曾经专门写文章抨击过小报，称其泄露官员的任免情况，而且常常以虚为实，以无为有，希望皇帝对小报实行大棒政策，早点儿查禁为好。

出人意料的是，小报越挫越勇，越禁越来劲，朝廷天天禁止小报，小报就在朝廷眼皮子底下做文章，甚至当时朝廷上有官员上书宋高宗斩杀秦桧这种事情也被小报刊登了出来，这让主管宣传部门的大佬们天天都对小报心惊胆战。

但这个锅真的不能让小报来背，由于官方舆论工具的邸报和朝报限制太多，完全不能满足人们对新闻的需求，而小报知道老百姓喜欢看什么样的新闻内容。再加上南宋时局紧张，到底是战个痛快，还是屈膝投降，邸报一个字都不敢说，反而是小报敢天天登报议论。

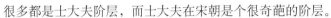

士大夫偏爱的小报，皇帝都管不着

至于为什么皇帝都管不着小报的发展，还有一个重要原因是小报的受众有很多都是士大夫阶层，而士大夫在宋朝是个很奇葩的阶层。

> （徽宗宣和元年）六月十四，日臣僚言：窃见迩来凡朝廷进用人材、除授差遣之类，曾未拟议，而士大夫间好事者乐于传播，撰造无根之言，欲望明诏有司，严为禁止。
>
> ——〔清〕徐松《宋会要辑稿》

在宋徽宗年间，朝廷提拔、差遣官员的事情，皇上和相关部门还没有做决定，士大夫就开始在小圈子里传播了，这让人事部门就很不满了：我辛辛苦苦选拔人才完成当年KPI（关键绩效指标）考核，你们这些士大夫不干活倒也罢了，还到处嚼舌根子，说得对了，显得我保密工作没做好，说得不对，看小报的人又拿舆论教我做事情。

虽然一些大臣对小报有所不满，但是宋太祖曾经有"不杀士大夫"的说法，所以就算士大夫们传播八卦消息，皇帝也不会拿他们怎么样，这也造成了宋朝的士大夫胆子都特别大，不仅已经当了官的士大夫不在乎自己的官袍，就连作为预备官员的太学生，也敢直言不讳地针砭朝政。在这种舆论环境下，小报成为士大夫阶层接收和传播信息的主要渠道。

士大夫阶层的支持也为小报的发展创造了良好的条件，所以当时上到政府高官，下至平民百姓，都把小报当作消息的主要来源，官方的邸报反而成了"备胎"。早上出门的时候买几份小报看看，连皇帝的晨会内容都不用听了，到底是谁升官，是谁免职，小报上都写得一清二楚，皇帝就算是知道小报在搞这些小动作，一是无从核实消息来源，二是拿这些耍嘴皮子的士大夫没办法，所以也只好听之任之了。

宋代小报是我国最早的民办报纸，也是我国古代报刊行业和媒体行业的一个重要里程碑，它终结了封建社会由官方报纸一统天下的局面，正式标志着我国民营报纸的诞生，不仅为当时社会信息的传播提供了更广的渠道，而且在士大夫阶层和市民阶层的作用下，有效地促进了宋朝政治、经济、文化的发展。

簪花和刺青	戴花不是女孩子的特权，刺个大花臂才敢自称"社会人"

现代的人们已经基本没有簪花的喜好了，古时候，由于传统服饰多为宽袍长袖，女性多将长发挽起，佩戴鲜花之后刚好衬托出女性秀美的一面。而现代社会的服饰多为短衣短衫，发型也多以卷发、直发为主，所以很少有人佩戴鲜花上大街。

鲜花是人们最早的饰品，在中国有2000多年的历史。一年四季都有各种花可以用作头饰，春天可以簪牡丹、芍药，夏天可以簪栀子花、茉莉花，秋天可以簪茱萸、秋葵等，冬天没有鲜花的时候，就替换为绢花、罗花、绫花、缎花、绸花、珠花等人工花饰，反正在簪花这件事上，古人向来都很舍得下功夫。

在宋朝不仅是女性喜欢簪花，男性也把簪花当作一种时尚。

男子簪花一点儿都不娘

两宋时期，男子簪花的现象已经蔚然成风，如果碰上簪花的男性高手，那绝对是人群中当仁不让的 C 位（核心位置），甚至汴京大街上的女子现场就能为他应援，恨不得走上前去探讨一下簪花的技巧。可见在宋朝的时候，"女追男，隔层纱"的说法并不恰当，而应该是"女追男，差枝花"。

《水浒传》中英雄好汉日常就在鬓边插着一枝花，再露出身上威风凛凛的刺青来，换作谁都不敢轻易招惹。

> 那阮小五斜戴着一顶破头巾，鬓边插朵石榴花，披着一领旧布衫，露出胸前刺着的青郁郁一个豹子来，里面围扎起裤子，上面围着一条间道棋子布手巾。
>
> ——〔明〕施耐庵《水浒传》第十五回

阮小五在石碣村打鱼谋生的时候，就经常在鬓边插一朵石榴花，胸前还刺了一头豹子，这样的装扮在宋朝绝对是街上最靓的仔。

《水浒传》中的浪子燕青也是一位簪花的高手，不仅一身刺绣无人可以媲美，鬓边长插四季花也是他的招牌装扮，甚至这一套装扮都迷倒了京城头牌歌女李师师，心甘情愿为皇帝和宋江牵线搭桥，也算是燕青无心插柳的功劳了。

> 六尺以上身材，二十四五年纪，三牙掩口细髯，十分腰细膀阔。戴一顶木瓜心攒顶头巾，穿一领银丝纱团领白衫，

系一条蜘蛛斑红线压腰，着一双土黄皮油膀夹靴。脑后一

对挨兽金环，护项一枚香罗手帕，腰间斜插名人扇，鬓畔

常簪四季花。

——〔明〕施耐庵《水浒传》第六十一回

梁山上的其他人，对簪花同样颇有心得，小霸王周通前往桃花村抢亲的时候，上半身穿了一身绿罗袍，头上戴了一顶红面巾，鬓边插了一枝绢花，这身装备怎么看都很奇葩。

头戴撮尖干红凹面巾，鬓傍边插一枝罗帛像生花。上

穿一领围虎体挽绒金绣绿罗袍，腰系一条称狼身销金包肚

红搭膊。着一双对掩云跟牛皮靴，骑一匹高头卷毛大白马。

——〔明〕施耐庵《水浒传》第五回

别的好汉都是以相貌或者特长作为绰号，唯独蔡庆是以自己的簪花手艺被大家称为"一枝花"。比起他在武功方面的成就，江湖上明显更认可他在簪花方面的成就。

这个小押狱蔡庆，生来爱带一枝花，河北人氏顺口都

叫他做一枝花蔡庆。

——〔明〕施耐庵《水浒传》第六十二回

病关索杨雄的审美跟其他人不太一样，其他人都爱插朵大红花，而杨雄偏爱在头上插翠芙蓉。从杨雄的这个独特爱好基本可以推断他在哪几个季节喜欢插花，因为芙蓉在春季和夏季绿叶成荫，并不开花，等到秋季的时候才会变成粉色大花，所以杨雄大概率是选择夏季和秋季交替的时候插上满头的芙蓉花。

两臂雕青镌嫩玉，头巾环眼嵌玲珑。鬓边爱插翠芙蓉。

背心书剑字，衫串染猩红。问事厅前逞手段，行刑处刀利

如风。微黄面色细眉浓。人称病关索，好汉是杨雄。

——〔明〕施耐庵《水浒传》第四十四回

至于龙头大哥宋江就不必多说了，别看重阳节菊花会上乘着酒兴写的是兄弟情，其实心里想的都是早日招安，以便能在两鬓斑白之前插上花。

喜遇重阳，更佳酿今朝新熟。见碧水丹山，黄芦苦竹。头上尽教添白发，鬓边不可无黄菊。愿樽前长叙弟兄情，如金玉。

——〔明〕施耐庵《水浒传》第七十四回

梁山的好汉们喜欢簪花，舞文弄墨的文化人一样喜欢簪花。尤其是遇到"金榜题名"这种人生最值得高兴的事情时，怎么能不戴几朵小红花嘚瑟嘚瑟？宋太宗时期的进士王禹偁在参加皇帝的琼林宴时，看到到场的所有人头上都簪了粉红色的杏花，宴席上的人都闻到了杏花浓郁的香气，便用诗记录下了这一刻。

登龙曾入少年场，锡宴琼林醉御觞。

争戴满头红烂漫，至今犹杂桂枝香。

——〔宋〕王禹偁《杏花》

唐宋八大家之一的曾巩在一次簪花之后心情愉悦，还自我调侃，如果不是心中没有其他烦心事，根本体会不到簪花的乐趣。

花开日日插花归，酒盏歌喉处处随。

不是心闲无此乐，莫教门外俗人知。

——〔宋〕曾巩《会稽绝句三首》

宋神宗熙宁五年（1072），苏轼受邀到杭州吉祥寺赏牡丹，当时园子里有100多种花朵，不管是当太守的，还是当皂隶小官的，到最后都喝酒喝高兴了，一同参观的有数万人，男女老少都以在头上簪花为美。

而35岁的苏轼也尝试着在头上簪了一枝花，当然了，这个年纪的苏轼并不算年老，可能是觉得不好意思在大庭广众之下簪花，所以在诗中说花儿可能羞于被自己簪在头上。苏轼就属于那种在诗词里面写着不要不要，但是身体还是很诚实地把花簪在了头上的人。

> 人老簪花不自羞，花应羞上老人头。
>
> 醉归扶路人应笑，十里珠帘半上钩。
>
> ——〔宋〕苏轼《吉祥寺赏牡丹》

至于儿童呢，可能还不到臭美的年纪，但是外出放牛或者玩耍的时候，在斗笠上插几朵小花，也别有一番生趣，可能放牛回

家的时候，家长远远看到斗笠上的小红花，就知道孩子放牛回来了。老年人簪花的原因主要是为了显年轻，出行的时候头戴鲜花，也省了做发型的钱。

可见，簪花在宋朝不论哪个社会阶层都是非常喜欢的一种装饰手法。人们会根据节气和场合的不同，选择不同款式的簪花。

宋朝人们对簪花的热爱也从侧面反映了宋朝当时的经济繁荣和生活舒适的状态，让普通百姓可以在簪花这种细节上投入更多的关注度。

皇帝、高官一样喜欢簪花

簪花不仅在民间广为盛行，甚至连皇帝和达官贵人也喜欢簪花。在一些特殊的场合，簪花已经上升到了国家礼制的高度，比如祭祀、重要节日等重大庆典活动，男子常见簪花，还有上文中提到的新科进士参加的琼林宴上，皇帝就要对新科进士进行簪花。

蔡京的儿子蔡绦流放白州时曾经写过一本《铁围山丛谈》，里面详细记载了每逢国家大典、佳节良辰、岁时祭祀的时候，皇帝如何赐花给官员插戴。毕竟是父辈阔过的人，对于皇家的这些礼节还是记忆犹深。

> 国朝燕集，赐臣僚花有三品。生辰大燕，遇大辽人使在庭，则内用绢帛花，盖示之以礼俭，且祖宗旧程也。春秋二燕，则用罗帛花，为甚美丽。至凡大礼后宫谢，上元节游春，或幸金、池、琼苑，从臣皆扈跸而随车驾，有小燕谓之对御。凡对御则用滴粉缕金花，极其珍藿矣。又赐臣僚燕花，率从班品高下，莫不多寡有数。至滴粉缕金花

为最，则倍于常所颁。此盛朝之故事云。

——蔡绦《铁围山丛谈》卷一

按照不同的场合，皇帝根据不同的对象，给官员们赐花，比如在春秋两宴上，赐给官员的是罗帛花，样式非常漂亮；在大礼之后、上元节游春或者去金明池、琼林苑游玩的时候，在小宴上赐的就是滴粉缕金花，材质异常珍贵。在给官员赐花的时候，官员的官阶越高，得到的赐花就会越多，至于每个人能拿到多少，皇帝心里都有杆秤。

就算皇帝不赐花，宋朝的官员也会自己买花回来。对于当官的来说，簪花是这个阶层彰显风雅的一种方式，是寻常百姓无法享受的审美乐趣，官当得越大，越喜欢在公开场合簪花，甚至一些奇花异草还被赋予了些许神秘色彩，与升官发财关联在了一起。

扬州的芍药花中有一品种特别稀有，花色上下皆为红色，中间有一圈黄蕊，按当时的官制规定，只有宰相才有资格穿红色官袍、系金色腰带，所以此种芍药花又被人称为金腰带。金腰带很少出现，一旦出现就被人们认为是一种祥瑞，相传有缘佩戴此花的人将会成为宰相。

韩琦到扬州的头一年，将扬州府衙后院里的一株芍药一干分四枝，每枝都开出来一朵金腰带，韩琦觉得这个事情太诡异了，于是宴请三位好朋友一起赏花，一人是王珪，时为监郡，一人是王安石，时为韩琦幕僚，还有一人因为突然腹泻无法赴宴，只好换成了吕公著，四个人将金腰带采下来戴在头上，最后四个人都当上了宰相。

从常理来讲，"四相簪花"发生的概率基本小到可以忽略不

计。刚好是韩琦来扬州的那一年，后园里的一株芍药又刚好开出四朵一模一样的珍稀品种，四个先后当宰相的人又都刚好在扬州，这从概率论上来说基本是不可能发生的。

之所以会成为一段佳话，其背后的原因是当时的宋朝官员把簪花当作一种有效的社交手段，下班之后单是吃吃喝喝有什么意思，找个赏花、簪花的由头，就有风雅的那个味道了。

不仅宋朝的官员喜欢簪花，皇帝也喜欢簪花。淳熙十三年（1186），宋孝宗赵眘为敬贺太上皇赵构的八十大寿，在元旦举办庆典。当时的那场宴会真的是人山人海、锣鼓喧天，四方的百姓都不远千里前来观看庆典，而在庆典上，从皇帝到臣子再到保安人员，全部簪花。

> 御宴极欢。自皇帝以至群臣禁卫吏卒，往来皆簪花。
>
> 后三日，百官拜表称贺于文德殿，四方万姓，不远千里，
>
> 快睹盛事。
>
> ——〔宋〕周密《武林旧事》

唐宋八大家之一的杨万里时任枢密院检详官兼太子侍读。他对于这场庆典，也是费了一番笔墨来夸赞。

> 春色何须羯鼓催，君王元日领春回。
>
> 牡丹芍药蔷薇朵，都向千官帽上开。
>
> ——〔宋〕杨万里《德寿宫庆寿口号十篇》

洛阳纸贵花更贵

从朝廷到民间，从皇帝到百姓，如此之大的簪花需求自然就催生了大规模的种花风潮，在现代像"蒜你狠""姜你军"等这类蔬菜、瓜果价钱飞涨事件，宋朝就上演过类似的桥段。由于簪花经济的繁荣发展，"洛阳纸贵"不算什么，可能还不如一盆名花价钱高。

如果仔细观看张择端的《清明上河图》就会发现，画中绘有一处鲜花店和一处卖鲜花的小摊，一个在城内"孙羊正店"门口，一个在城门外的路边，还有市民正在购买鲜花，可见当时种花、买花已经成为人们日常生活中的一部分。

北宋时的气候比现在温暖得多，黄河流域的春季要比现在早一个月，因此很早的时候就有牡丹、芍药、棣棠、木香这些鲜花在街上售卖，如同陆游在诗中写的那样，"小楼一夜听春雨，深

巷明朝卖杏花"。比起固定的鲜花店或者花卉市场，寻常人家买花更多是从沿街入巷的小贩那里购买，叫卖鲜花的歌声也成了诗人们魂牵梦绕的一缕余音。

而且不仅仅是京都崇尚卖花、簪花，在全国各地都有大规模的花卉市场，以满足当时人们对各种时令鲜花的需求。

以上文提到的扬州为例，那里自古以来就是各种芍药的聚集地，这才能培育出金腰带这种佩戴之后当宰相的奇花。在扬州，人们不论贵贱都喜欢戴花。春天的时候一大早花卉市场就开门了，有买花需求的人就可以前去挑选。而且一方水土养一方花，芍药出了扬州城，过不了三年就变得普通了，只有在扬州城里的芍药还是不变的美丽。

> 扬州芍药名于天下，与洛阳牡丹俱贵于时。四方之人尽皆赍携金帛，市种以归者多矣。吾见其一岁而小变，三岁而大变，卒与常花无异。由此芍药之美，益专推于扬州焉。
>
> ——〔宋〕孔武仲《芍药谱序》

西南的成都在当时也有大量的花卉市场，沿锦江由西至东，从青羊宫至玉局观一带都分布了很多花卉市场。

值得一提的是，成都的海棠尤其受到陆游的喜欢，几乎每次去成都都会留下关于海棠的诗句，甚至在驿站里见到屏风上画着的海棠也会有感而发写下《驿舍见故屏风画海棠有感》，可见陆游对海棠确实是真爱。

> 成都海棠十万株，繁华盛丽天下无。
>
> 青丝金络白雪驹，日斜驰遣迎名姝。

——〔宋〕陆游《成都行》

到了南宋的时候，买卖花卉和簪花的习俗也随之南迁，而且江南的气候温暖，土地肥沃，更加适合花农们开发新品种。逢初一日，城内外各家各户都有插菖蒲、石榴、蜀葵花、栀子花之类花卉的习惯。端午节这一天，花市上的客流量最大，有的花农一早上就能卖一万贯，至于如何卖到这么多的钱，钱塘有百万户人家，平均每家花 10 文买花，就能卖到一万贯了。

再比如说重阳节，每年都要在都城最大的花圃——西马塍园子举行盛大的斗花活动，比较各种菊花品种的好坏，各个菊花种植大户都拿出自己培育或引进的奇异品种来斗花，单单是菊花的种类就能达到八十余种，不管在数量还是质量上，宋朝的花卉养殖技术都比之前的朝代有很大的进步。

宋朝小伙儿的大花臂

说完了些许风雅的簪花，我们再来看看宋朝的年轻小伙子们还有什么其他的爱好，其实跟现在的流行趋势也很相似，那就是刺青。

如今走在北京的三里屯或者成都的太古里，来来往往的小哥哥、小姐姐们少不了有几个大花臂，在宋朝的时候，这也是很多年轻人的青春标志，把胳膊、大腿文上花花绿绿的色彩。

> 少年宕子爱雕青，文彩肌肤相映明。

闹里只图遮俗眼，强将赤体以为荣。

——〔宋〕释梵琮《颂古三十一首》

宋朝有一些官员在当官之前也文过身，当了官之后还被皇帝拿出来取笑。比如宋徽宗时期的睿思殿应侍李质，在年少的时候文过身，当官了之后也没去洗一下文身，就被皇帝称为"锦体谪仙"。

梁山好汉刺青的也不在少数：九纹龙史进刺了九条青龙，花和尚鲁智深文了满背的花绣，短命二郎阮小五胸前刺着青郁郁一个豹子。有的好汉甚至全身都要文上刺青，这里说的自然是梁山好汉里的浪子燕青了。

为见他一身雪练也似白肉，卢俊义叫一个高手匠人与他刺了这一身遍体花绣，却似玉亭柱上铺著软翠。若赛锦体，由你是谁，都输与他。

——施耐庵《水浒传》第六十一回

连京师的头牌李师师，也听说过燕青的刺青之美，当燕青上门为皇帝和宋江穿针引线的时候，李师师便提出请求要看燕青的文绣。

一丈青扈三娘的绰号里隐隐约约也暗藏了她有刺青。扈三娘最开始出场的时候，只介绍说："他庄上别的不打紧，只有一个女将，唤作一丈青扈三娘，使两口日月刀，好生了得。"但为什么叫"一丈青"，文中并没有明说，大概率是采用了当时社会上约定俗成的称呼。

雾鬟云鬓娇女将，凤鞋宝镫斜踏。黄金坚甲衬红纱，狮蛮带柳腰端跨。霜刀把雄兵乱砍，玉纤手将猛将生拿。

天然美貌海棠花，一丈青当先出马。

——〔明〕施耐庵《水浒传》第四十八回

早在《大宋宣和遗事》和南宋龚开与的《宋江三十六人赞》中，已经有将其中人物冠以一丈青名号的先例。比如在《宋江三十六人赞》中说浪子燕青："平康巷陌，岂知汝名。太行春色，有一丈青。"

旧时一丈换算成现在的长度大概是3米左右，所以一丈青肯定不是指扈三娘的身高。从《宋江三十六人赞》里对燕青的描述来看，大概率是一种刺青的方式。

在《酉阳杂俎》中曾经记录了一名叫崔承宠的军人，他的刺青就很有特色，一条蛇自右手指尖开始，沿手臂过脖颈，蜿蜒下至腹部，再沿着大腿至小腿而止，这样的文身长度大约在一丈左右，所以一丈青有可能是一丈长的青龙或青蛇的文身。

至于扈三娘到底有没有一丈长的青龙或者青蛇的文身，大概只有矮脚虎王英才能知道了。

《水浒传》中的描写并非完全虚构，在宋朝军旅之中确实盛行刺青之风，可能与当时辽国的契丹民族喜好刺青有一定的关系，宋军常年在与辽国打交道的过程中，也沾染了刺青的习气。

很多宋朝的名将都在身上文有刺青，大家熟悉的岳飞背上"精忠报国"四字也属于刺青的范围；《水浒传》中呼延灼的先祖、北宋的开国名将呼延赞不但自己有刺青的习惯，而且给家里的妻儿仆从都在身上刺上了"赤心杀贼"，几个儿子的耳后还刺上了"出门忘家为国，临阵忘死为主"的字样，估计负责刺青的人在接到这个任务的时候也很纠结，在耳朵后面那么小的地方刺上这么多的字，一不留神就刺错了。

> 赞有胆勇，鸷悍轻率，常言愿死于敌。遍文其体为"赤心杀贼"字，至于妻孥仆使皆然，诸子耳后别刺字曰："出门忘家为国，临阵忘死为主。"
>
> ——〔元〕脱脱等《宋史·呼延赞传》

跟现在的花臂相类似，与岳飞齐名的张浚，率先发明了"花腿"。张浚从军队中选择年轻的健壮小伙子，从臀部一直纹到脚部，大腿和小腿部位都是文身，走在路上的回头率百分之百，这种"花腿"得到了京都很多年轻人的喜欢和效仿，比起呼延赞在耳朵后面刺字的办法，"花腿"明显更加夺人眼球一些。

其实喜欢刺青的，未必都是社团人士，只不过当时的社会风气和审美比较推崇以刺青这种方式表达个性和决心。到南宋的时候，一些大都市里还出现了"锦体社"，也就是文身协会，"锦体社"中有"针笔匠"，也就是文身师，还会定期组织文身大赛，叫作"赛锦体"，在"赛锦体"中获胜的人还可以获得奖金。上文中提及燕青的一身文绣"若赛锦体，由你是谁，都输与他"，就是指的这项比赛。后来马可·波罗到泉州，发现当地的印度旅客很多都是专程为了学习刺青技术而来的，这门手艺竟然首先实现了输出，是很多人没有想到的。

> 特为刺青而来，盖此处有人精于文身之术也。
>
> ——[意]马可波罗
> 《马可波罗行纪》

文身协会也不都是刺一些唬人的图案或者励志语录，很多单纯喜欢刺青的人也会文一些花鸟鱼虫和小仙女，只是为了自己开心，并不带有其他的政治色彩。

今世俗皆文身，做鱼龙、飞仙、鬼神等像，或为花卉文字。

——〔宋〕高承《事物纪原》卷八

从宋朝簪花和刺青的风俗来看，当时的社会已经对男性和女性的形体之美和装饰之美形成了约定俗成的标准，所以才会出现全民簪花和遍地刺青的现象。

旅游 | 在路上

除了吃吃喝喝，宋朝人的休闲方式可能就是出去"浪"了，由于当时的基础设施建设逐步完善、商业经济发达、交通情况也较为便利，有时间出去玩的人们就有了更多的出游选择，在城市生活水平保持相对一致的前提下，旅游的体验应该是相当不错的。

对于一般人来说，出去玩主要看中的是旅游的广度和深度。

所谓旅游的广度，是指到达不同地理位置时获得的不同观感体验。

宋朝是中国历史上唯一领土面积小于秦朝的政权，不仅没有收复燕云十六州，还把一部分领土拱手让给了西夏、大理等少数民族政权，但这似乎并不妨碍宋朝人们出去逛吃逛喝。

可以说在宋朝的时候，上至耄耋，下至豆蔻，男女老少都很喜欢出门旅游。心学大师陆九渊在他 50 岁那年，还有精力组了一个 78 人的旅行团去了龙虎山，而且团里的老年人跟年轻人相处得还十分融洽，老人须髯雪白、精神矍铄、语意高深，周围的一群年轻人衣襟端整、心无旁骛、洗耳恭听，这让很多参加过现代旅行团的人可能都有点不习惯。

> 至其寻幽探奇，更泊互进，迭为后先，有若偶然而相从。老者苍颜皓髯，语高领深，少者整襟肃容，视微听冲，莫不各适其适。予亦不知夫小大精粗、刚柔缓急不齐也，乃俾犹子谦之、檝之、子持之分书同游者七十有八人邑姓名字于左方。
>
> ——〔宋〕陆九渊《题新兴寺壁》

旅游的深度是指在当地来一次深度游，领略一下当地特色的风土人情，吃点儿当地的特色小吃，逛一下当地的网红景点。

这一点其实主要是由当时的交通工具所决定的，如果城市之间有高铁、飞机，城市之内有网约车、出租车，可能一个城市走马观花很快就看完了，但是如果旅途之中只能靠人力车和划船，那就由不得你不深度游了。

在第四章的时候，我们介绍过，宋朝陆地上主要的交通工具是车马，比起步行来虽然是快了不少，但是在游玩过程中走走停停，还是可以充分领略当地风土人情的。宋朝很多学者都是自驾游，随时下车就能游山玩水，免去城市中的喧嚣，也是怡然自得的一种方式。

> 驱车入洛周，下马弄飞泉。
>
> 乍有云山乐，殊无朝市喧。
>
> 非唯快心志，自可忘形言。
>
> 借问尘中有，谁为得手先？
>
> ——〔宋〕邵雍《宿延秋庄》

而水上的交通工具自然是舟楫了，大家最熟悉的《赤壁赋》第一句就是："壬戌之秋，七月既望，苏子与客泛舟游于赤壁之下。清风徐来，水波不兴。"说的是苏轼和朋友乘船在赤壁游玩。

而受苏轼影响较大的范成大在去桂林当官的路上则是一路乘船一路爽，每天不是去景点游玩，就是在去景点游玩的路上，跟着朋友坐了十几里的船去山里玩，第二天竟然还有精力出发去横山，这次赴任桂林的路上辛苦是辛苦了一些，但是风光美景是一点都没耽搁。

> 十四日，出盘门，大风雨，不行，泊赤门湾。十五日，发赤门，早饭松江。送客入瞿庵。夜登垂虹，霜月满江，船不忍发，送者亦忘归，遂泊桥下。十六日，发垂虹，宿震泽。……十七日，至湖州，泊碧澜堂。十八日，湖守薛季宣士隆开宴。方祈雪，蔬食而旦张乐。十九日，将游北山石林。薛守愿同行，乘轻舟十余里，登篮舆，小憩牛氏岁寒堂。自此入山，松桂深幽，绝无尘事。过大岭，乃至石林，则栋宇已倾颓，西廊尽拆去，今畦菜矣……二十日，发湖州，十八里宿横山。横山虽小，乃截然溪上，蔽遮一川，

若前无路者。相传为雩川风水向背之要。二十一日，发横山，宿德清县。

——〔宋〕范成大《骖鸾录》

范成大不仅在去广西赴任的路上玩了一路，到了广西之后还在桂林市修建了大量的风景区，比如在伏波山修建了癸水亭、正夏堂、进德堂，在月牙山修造了骖鸾亭，在七星岩前筑碧虚亭，在屏风山修葺了壶天观、所思亭，在淳熙元年（1174）修复朝宗渠，让桂林真正成了山水甲天下的地方。

苏轼一直在路上的一生

苏轼自从21岁第一次出川后，终其一生都是在路上，甚至最后也是死在了路上。短短的一生中，苏轼的足迹遍布大宋的半壁江山，最北到了当时北宋的国境线定州，最南来到了海南的儋州，在此途中留下的诗作更是数不胜数。

1. 眉州

眉州虽小，但这才是真正意义上的卧龙岗，苏家父子三人在此勤学苦读，甫一出川便名扬天下，唐宋八大家中，苏氏父子便占其三，这似乎是一件过于夸张的事情。

但在苏轼心中，一直都记得年少时在眉州无忧无虑的读书时光，而这些时光是他入仕之后再无暇享受的。在很多年后，苏轼回忆起来在眉州守岁时候的情景，坐到灯也灭了，起身看北斗星也斜了，却无人能理解他满怀的心事。

儿童强不睡，相守夜欢哗。

晨鸡且勿唱，更鼓畏添挝。

坐久灯烬落，起看北斗斜。

明年岂无年，心事恐蹉跎。

努力尽今夕，少年犹可夸。

——〔宋〕苏轼《守岁》

2. 汴京

汴京既是苏轼高中之处，也是官场失意之地，从一举成名天下知，到先天下之忧而忧，一个只管读圣贤书而不需要考虑其他的翩翩少年郎在此完成了他人生中的第一次蜕变，那个名为苏子瞻的少年终须要成为心怀天下的苏轼。

3. 杭州

到杭州的时候，36岁的苏轼已经步入中年，见惯了官场上的尔虞我诈，也被同僚的钩心斗角伤得痛彻心扉。但苏轼毕竟是苏轼，他不会落入俗套地成为一个中年油腻男，而是在其位谋其政，带领着杭州的百姓治理西湖、修苏堤，给后世留下一个5A景区，也在这里留下了传世的诗词。

水光潋滟晴方好，山色空蒙雨亦奇。

欲把西湖比西子，淡妆浓抹总相宜。

——〔宋〕苏轼《饮湖上初晴后雨》

菰蒲无边水茫茫，荷花夜开风露香。

渐见灯明出远寺，更待月黑看湖光。

——〔宋〕苏轼《夜泛西湖五绝》

伟人谋议不求多，事定纷纭自唯阿。

尽放龟鱼还绿净，肯容萧苇障前坡。

一朝美事谁能继，百尺苍崖尚可磨。

天上列星当亦喜，月明时下浴金波。

——〔宋〕苏轼《开西湖》

在宋神宗熙宁五年（1072）六月二十七日那一天，他泛舟西湖，风光绮丽，再到望湖楼上喝酒，一口气写下七言绝句《六月二十七日望湖楼醉书》五首。

4. 黄州

乌台诗案让前半生还算得上人生得意的苏轼历经磨难，人到中年的苏轼已经全无了少年时候的锐气。从名满天下的大文豪，到被柴米油盐所困，黄州成为苏轼落下凡尘的第一站，所幸黄州还有赤壁，足够苏轼留下太多让后人遐想的诗篇，而那一句"一蓑烟雨任平生"更是让后人在失意之时也能共鸣、释怀。

莫听穿林打叶声，何妨吟啸且徐行。竹杖芒鞋轻胜马，谁怕？一蓑烟雨任平生。

——〔宋〕苏轼《定风波·莫听穿林打叶声》

5. 惠州

宋朝时候的惠州绝对算得上是偏远山区，远远不及今天的大湾区地位，但如同晚清惠州诗人江逢辰所说的"一自坡公谪南海，天下不敢小惠州"，自从苏轼在惠州待过之后，天下人都不敢小看惠州了。

被贬惠州时，苏轼已经是 59 岁了，在平均寿命不足 40 岁的宋代，苏轼已经算得上是高龄了。苏轼自己也是这么想的，所以安排了后事之后，就只带着爱妾朝云和小儿子去惠州了，在惠州还自掏腰包治理出了惠州西湖。在这段时间里，他光是吃荔枝就已经吃得不亦乐乎了。

罗浮山下四时春，卢橘杨梅次第新。

日啖荔枝三百颗，不辞长作岭南人。

——〔宋〕苏轼《惠州一绝》

6.扬州

扬州是江南地区最让旅游者向往的胜地，也曾经是苏轼的匆匆落脚之地。在前文中提到过扬州的芍药名满天下，蔡繁卿任扬州太守时，每年要举办万花会，展出的芍药有千万余枝，由于这些花都是搜罗民间的，既破坏了老百姓的园林，又容易滋生贪污腐败现象，苏轼到扬州担任太守的时候就停办了。

扬州芍药为天下冠，蔡繁卿为守，始作万花会。用花十余万枝，既残诸园，又更因缘为奸，民大病之。余始至，问民疾苦，以此为首。遂罢之。

——〔宋〕苏轼《东坡志林》

对于这段太守的经历，苏轼还是颇为骄傲的，他曾十过扬州，但每次都是匆匆而来匆匆而去，似乎扬州是他触不可及的情人一般。

试问江南诸伴侣，谁似我，醉扬州。

——〔宋〕苏轼《江城子·墨云拖雨过西楼》

或许正是这样的扬州，才能让苏轼在惆怅之时吟起"江南好，千钟美酒，一曲满庭芳"，在失意之时，即使没肉吃也可以怡然自得，还有心情借扬州鹤来调侃世间没有十全十美之事。

可使食无肉，不可居无竹。无肉令人瘦，无竹令人俗。人瘦尚可肥，士俗不可医。旁人笑此言，似高还似痴。若对此君仍大嚼，世间那有扬州鹤。

——〔宋〕苏轼《于潜僧绿筠轩》

7. 峡州

与惠州相同，峡之尾的峡州在宋代也属于穷僻之地，北宋嘉祐元年（1056），苏家父子三人出巴山蜀水，沿长江而下来到峡州，在江津看到了至喜亭及碑刻上的《峡州至喜亭记》。20 年前，欧阳修被贬到这里做夷陵县令，为这座小亭起名剪彩，对于欧阳修来说，这篇文章可能是一时兴起，也可能是妙手偶得，因为在他的诸多诗作中，《峡州至喜亭记》确实算不上什么代表作。

但对于苏轼来说，欧阳修就是他心中的白月光。

在当年苏轼参加京师会考的时候，欧阳修就是他的主考官，当欧阳修看到苏轼那一篇文风平实的《刑赏忠厚之至论》后，本打算将作文章之人录为第一名，但是欧阳修当时也无法辨别写出这篇文章的是不是自己的学生曾巩，为了刻意避嫌，只录苏轼为第二名，其实苏轼才是他心目中的状元。

放榜之后，欧阳修还亲自给梅尧臣写信，称："读轼书，不觉汗出。快哉快哉！老夫当避路，放他出一头地也。"

等到多年之后，苏轼再临峡州，欧阳修已仙逝多年，宦海沉浮，尽管苏轼还强撑着几分老夫聊发少年狂的潇洒倜傥，但也已回不去当年踌躇满志的少年心气。

不知此时再看到对自己有知遇之恩之人的碑帖，能不能闪回当年的少年郎。

苏轼最爱景点类型大盘点

从苏轼的行程安排来看，可以大概归纳出宋朝人的游览类型包括山水景观、田园风光、遗址遗迹、宗教圣地、飞檐亭台等。

1. 山水景观

山水景观是宋朝人最常见的游览项目了，单单是苏轼就留下了《石钟山记》《记承天寺夜游》《游兰溪》《赤壁赋》等多篇作品，如果算上其他作家的诗文，比如欧阳修的《浮槎山水记》《忆滁州幽谷》，王安石的《游褒禅山记》，范成大的《游峨眉山记》，朱熹的《百丈山记》等，整个宋朝文坛可以开个大家游山玩水的交流会了。

2. 田园风光

唐朝以来，田园风光类的旅游项目在文人群体中就经久不衰，一方面田园风光类的旅游花费较少，另一方面，寻访田园风光对古代文人来说是一种朝圣性质的出行活动，被赋予了与创作灵感有关的特殊意义，似乎只有从田园之中转几圈，才能写出来好的作品，这也是宋朝文学核心思路中的一种。

3. 遗址遗迹

除了外出看风景，去寻访古人的遗址遗迹，接受爱国主义教育也是宋朝人们出游的一大项目。比如当年的柳永，他一生流落不偶，后客死襄阳，埋骨异乡。据传说，他死时家无余财，靠昔日仰慕他的歌妓舞女为他营葬，死后也没有亲族祭奠，每逢清明节，远近之人各携酒食供物为其祭扫坟墓，后来甚至相沿成习，称为"吊柳会"。从一次自发的祭祀聚会变成了一种风俗，柳永为大家留下的可不仅仅是一座墓碑，整个花山都成了旅游景点。

> 柳耆卿风流俊迈闻于一时，既死，葬于枣阳县花山。
>
> 远近之人每遇清明日，多载酒肴饮于耆卿墓侧，谓之吊柳会。
>
> ——〔宋〕曾敏行《独醒杂志》卷四

至于苏轼的《赤壁赋》就更不必多说了，作为中国古代作品中数一数二的怀古作品，也为无数后人在三国题材上提供了素材，不管是电影、电视剧，还是手机游戏、流行歌曲，都希望从苏轼的《赤壁赋》上蹭点流量。

4．宗教圣地

不同于其他朝代，宗教圣地是宋朝人们外出旅游的一个具备本朝特色的选择，尤其是士大夫群体，极其乐意在放假的时候去佛教寺庙里观赏游玩。

一方面是士大夫、文人等群体出于自身精神信仰和寄托的需求，另一方面是佛教寺庙的氛围可以帮助文人士大夫修身养性。

宗教圣地之所以可以招揽如此之多的游客，主要包括三个原因：

（1）地理位置优越

宋朝的交通状况虽然已经大有改善，但如果景点修建在人迹罕至的地方，那绝对会面临酒香也怕巷子深的窘况。杨万里在杭州游玩期间，曾经称赞当地的每间寺庙都在云雾缭绕的碧水青山之间，所以能够招徕大量的游客。

家家砌下过清泉，寺寺云边占碧山。

走马来看已心醒，更教选胜佳中间。

——〔宋〕杨万里《庚戌正月三，约同舍游西湖十首》

（2）文化底蕴深厚

除了浓厚的宗教色彩，跟现在的很多寺庙一样，宋朝的一些寺庙也收藏有年代久远的文物供游客鉴赏，比如在京口甘露寺中收藏着两口铁镬（铁锅），几乎每个去参观甘露寺的人都会专门去看一下这两口以前用来煮肉的炊具。

萧翁古铁镬，相对空团团。

陂陀受百斛，积雨生微澜。

泗水逸周鼎，渭城辞汉盘。

——〔宋〕苏轼《甘露寺》

一般苏轼专程看过的东西，就会有更多的人想去看看，研究一下为什么苏大学士这么关心这口锅。南宋时张邦基也专门去甘露寺看了这两口铁锅，还发现锅上有萧梁天监十八年（519）梁武帝铭刻的佛教资料。

而至于为什么甘露寺里这两口铁锅比较出名，是因为其他的物件在一次火灾中都已经化为灰烬，只有这两口铁锅不怕火烧，所以留存了下来，得到了后人的多次瞻仰。

比起现在出去旅游鉴赏文物的时候只能在玻璃罩子外面看，在宋朝时可以近距离观察文物的机会实属难得，也难怪文人墨客们逮着机会就要去景点鉴赏文物了。

（3）导游工作到位

寺庙周边配套的凉亭为游客提供了歇脚之地，寺中还能供应饮食与住宿，甚至还有导游讲解。

在宋朝的时候，各大寺庙里基本都有专门的僧人负责导游服务，最早发明"导游"二字的还是咱们这位喜欢游山玩水的苏轼同志，他在罗浮山游玩的时候，提到了唐朝的僧人契虚在导游的带领下观赏了稚川仙府。

苏轼在这里所说的"导游"与如今所讲的导游的业务范围还有一定差异，毕竟也没有专业的导游证，也不属于任何一个旅行社，但在字面意思上，跟现代汉语中的导游是一致的。

后来苏轼在石钟山游玩的时候，寺庙里的僧人也派了小徒弟来帮他们带路游玩，因为苏轼当时要考证石钟山的命名由来，寺庙的小和尚还专门带了斧头在乱石间帮他去择石叩响，也算是一名敬职敬业的小导游了。

在电视剧《清平乐》中，被称为北宋第一美男子的苏舜钦在游览蓝田悟真寺的时候，寺庙里的老和尚还专门带他去观赏石碑上面篆刻的诗作，这种就算是资深的首席导游了，知道寺庙里最吸引人的地方在哪里，比带着苏轼去敲石头的导游水平要高出不少。

老僧引我周游看，且云白氏子诗乃实录。

此诗畴昔予所闻，殷殷更向碑前读。

——〔宋〕苏舜钦《蓝田悟真寺作》

宋代有些寺庙提供的导游服务可能并不单独收费，但跟现在的旅行团的思路一样，先用免费服务或者低价服务把游客招揽过来，再通过寺庙中提供的饮食、上香等增值服务收费，又通过这些文人墨客对寺庙风光的免费宣传，在广大人民群众中扩大了宗教的影响力。

5. 飞檐亭台

飞檐亭台之所以能成为景点，主要因其身处秀色可人的旅游景点之中，用于游客歇脚或者远眺。所以，飞檐亭台是蹭了景点本身的热度，如果单是光秃秃的山上建一座亭台，恐怕也不会有游客。

在宋朝的旅游景点中，亭台的分布十分广泛，但凡是个景点，都会有若干个亭台可以用于游玩，据《吴郡志》数据统计，单是苏州境内的亭台就有 33 处。

当年苏轼有个从表兄叫文同（字与可），他在洋州（今陕西洋县）任职的时候，曾寄给苏轼《洋州园池三十首》，苏轼皆依题和之，回了《和文与可洋州园池三十首》，在这 30 首诗里面，就提到了大量的亭台，比如更隐亭、霜筠亭、无言亭等 11 座亭子。

> 纵横忧患满人间，颇怪先生日日闲。
>
> 昨夜清风眠北牖，朝来爽气在西山。
>
> ——〔宋〕苏轼《和文与可洋州园池三十首·更隐亭》
>
> 解箨新篁不自持，婵娟已有岁寒姿。
>
> 要看凛凛霜前意，须待秋风粉落时。
>
> ——〔宋〕苏轼《和文与可洋州园池三十首·霜筠亭》

现在我们去苏州等地的园林游玩的时候，也会发现园林中穿插了大量的飞檐亭台，这已经成为园林文化中不可缺少的一种元素。

宋朝人出去玩的钱是从哪里来的？

说完了宋朝人一般都去哪里玩，现在到了最关键的问题，盘缠是哪儿来的？当时的人也不会像现代人一样，有了年假就迫不及待地买机票、高铁票或自驾出去旅游，很快就可以到达目的地，而宋朝人坐着车马出去游玩本来就慢，逛完一个城市少则三五日，多则一周，每天都需要吃喝住宿，所需要的盘缠是从哪里来的呢？

之前我们说过，宋朝上至皇族贵戚，下至士农工商，都非常喜欢旅游活动，皇帝外出游玩的费用自然不用多说，只要是宋朝版图之内，皇帝都是免费旅游。比如宋孝宗退位后，不用天天"上班"了，就喜欢到处嬉戏游玩，拉着陪同的官员坐着大船游西湖，公然地"公款吃喝"。

> 淳熙间，寿皇以天下养，每奉德寿三殿，游幸湖山，御大龙舟，宰执从官以至大珰应奉诸司，及京府弹压等，各乘大舫，无虑数百。
>
> ——〔宋〕周密《武林旧事》

除了皇帝和贵族，不当官的社会群体中，比较有钱的是做贸易的商人，平日里贩运货物经常需要在外奔波，也会路过一些山林湖泊，在闲暇无事的时候就会带着家人或下人一起外出游玩。当时很多的志怪小说也都以外出游玩或者住宿的游客作为主人公。

> 襄阳宣城刘三客，本富室，知书，以庆元三年八月往西蜀作商。所赍财货数千缗，抵关下五里间，喜其山林秀粹，疑为神仙洞府，虽身作贾客，而好尚清虚之意甚切，欲深入游眺，置橐装于外，挟五仆皆往。
>
> ——〔宋〕洪迈《夷坚志·宣城客》

上面的这个小故事说的就是宣城一名叫刘三客的富户，庆元三年（1197）八月去四川做生意，光是带的货物就价值几千万钱。刘三客欣赏着清幽秀丽的山水，到离关口五里的地方，看到山林秀翠，美得让人怀疑是神仙洞府，于是就想走入山里游览一番。他把货物找个地方寄放一下，便带着五个仆人出发了，途中遇到好心樵人相劝，告诉他此处有狐狸精，但刘三客未听劝，最后这一场说走就走的旅行以被狐狸精戏弄作为结束。

除官员和商人之外的又一大旅行群体就是士大夫了。士大夫本身有工资拿，在外出旅游时也有较强的消费能力。但是宋朝的士大夫群体呢，本身又比较特殊，宋太祖"勒石三戒"，其二就是不杀士大夫，所以士大夫们在出行旅游方面会受到来自朝廷和民间的很多优待。

士大夫旅游经费的来源之一是他人资助，当时的名门望族或者官员遇到在外游学的读书人时，大多都会主动资助。

宋太宗太平兴国三年(978)的进士赵昌言还没有当官的时候，曾经在河朔地区游学，半路的时候没钱了，就去找以仗义疏财出名的柳开相助。但是柳开家是小叔主管财政大权，一直没有拨钱给柳开，最后柳开被逼急了，晚上放火把房子烧了，吓得他小叔赶紧把钱给了这"熊孩子"。

> 柳崇仪开家雄于财，好交结，乐散施，而季父主家，多靳不与。时赵昌言方在布衣，旅游河朔，因以谒开。开屡请以钱乞赵，季父不与，开乃夜构火烧舍，季父大骇，即出钱三百缗乞赵。
>
> ——〔宋〕吴处厚《青箱杂记》卷六

还有的更像是穷游一族的读书人，也能得到富商的资助。在当时的小说里，记载了一名叫袁元的读书人，每天就是出去喝酒游玩，到齐州长清县（今山东济南长清区）的时候，每次经过李府，就进去问主人家要钱喝酒，主人家每次也都很痛快地给了。

给钱旅游都不算什么，当时的人们对于读书人的友好已经到了匪夷所思的地步。甚至平日里与权贵关系好的读书人房子漏雨了，权贵们都会出钱给他盖新房子。比如当时钱塘的林逋写诗非常厉害，有很多名人都跟他一起出去游玩唱和。有一天王丞相去他家拜访，发现林逋的房子很破，当场就掏出钱资助他装修房子。

> 又钱塘林逋亦著高节，以诗名当世，名公多与之游。
>
> 天圣中，丞相王公随以给事中知杭州，日与唱和，亲访其庐，
>
> 见其颓陋，即为出俸钱新之。
>
> ——〔宋〕吴处厚《青箱杂记》卷六

士大夫旅游的第二个经费来源是义庄资助。

所谓义庄，并不是香港电影里停放尸体的地方，而是宋仁宗时范仲淹开创的一种宗族制度，在下文的"家族关系"一节中将对这种制度进行详细讲解。

范仲淹当时在苏州用俸禄置田产，收地租，用以赡族人。义庄中有学校、公田、祠堂等设施，而且也会按照口粮、衣服、婚嫁丧葬等类目给族人发钱。科举费也是其中的一项，族人考中解元赴省试的可领路费 100 贯，中举者及补入太学者可领 50 贯。

虽然给的是科举费，但是从苏州到开封这一路上也有不少山川美景，读万卷书和行万里路同样重要。在赶考的路上顺便来一场大考前的旅行，放松一下心情，似乎也无可厚非。

义庄对读书人赴考的资助，不仅让当时的年轻人可以有钱去

更大的舞台施展抱负，进而回馈宗族，而且在客观上也促进了当时旅游业的发展。

士大夫旅游的第三个经费来源是公使钱。

公使钱，又称公用钱，是宋代官府用于宴请和馈送过往官员的费用，相当于现在的公务招待费，其主要职能是提高官员的福利待遇。以范仲淹的说法，宋朝设立公使钱主要是为了士大夫出门在外办事方便，并称"盖养贤之礼，不可废也"。

至于公使钱能有多少，根据官品高下确定。公使钱依"旧制，刺史以上所赐公使钱得私入，而用和悉用为军费"，"方镇别赐公使钱，例私以自奉，去则尽入其余，经独斥归有司，唯以供享劳宾客军师之用"。

这来来往往都是客啊，地方上就形成了大量的接送工作，还滋生了很多奢侈浪费的事情。苏轼在扬州当了一年太守就快被迎来送往的工作烦死了，不同于其他地市，扬州的客人比较多，公使钱又给得不够，连续几年招待费的亏欠都有七八千贯，也怪不得苏轼要在文章里面抱怨巧妇难为无米之炊。

至南宋时，官吏的宴饮之风日盛，各官署的公使钱就不够用了，还需要借助各种副业，如抵当、经营药店等来补充公使钱。

> 正赐钱不多，而著令许收遗利，以此州郡得自恣。若帅宪等司，又有抚养、备边等库，开抵当、卖热药，无所不为，其实以助公使耳。公使苞苴，在东南尤甚。扬州一郡每岁馈遗见于帐籍者至十二万缗。
>
> ——〔宋〕李心传《建炎以来朝野杂记》

可怜公使钱最开始只是为了士大夫出门的时候有口饭吃，有个店住，没想到后来竟然成为官员们奢侈浪费的由头。

士大夫旅游的第四个经费来源是给券制度。

跟公使钱制度相类似，给券制度可以满足朝中官员出差时候的吃喝用度，但又不是以现金的形式发放的，所以在一定程度上可以避免贪污腐败现象。

凡是公干人员和官员出巡移任的时候，均可申领由朝廷发放的、具有公信力的驿券仓券等，在沿路可以作为入住驿舍的凭证。只要手里有了这张券，在馆驿消费是免费的，而且馆驿提供各种设施和物品，可以说为官员出差提供了免费食宿的待遇。

从这一点来说，所谓的给券其实就是出差补助，毕竟出门在外风餐露宿也很辛苦，如果连点出差补助都不肯给，大家就更不愿意出差了。

比如陆游于乾道五年（1169）十二月得夔州（今重庆奉节）通判职，从出发到到达差不多花了半年的时间，好在当时的朝廷对于官员何时抵达任所没有严格的时间规定，加上陆游久病初愈，夔州又有数千里的路程，所以一路上陆游可以慢悠悠地走。

陆游从翌年闰五月十八日从家乡绍兴出发赴夔州，十月二十七日到达目的地，一路上除官场应酬、拜访朋友之外，他还有大把的时间游览名胜古迹，有的时候一个景点就要逗留数天，反正有朝廷包吃包住，这让陆游在去夔州上任的路上好好地放松了一下。

> 今将穷江湖万里之险，历吴楚旧都之雄。山巅水涯，极诡异之观；废宫故墟，吊兴废之迹。动心忍性，庶几或进于豪分；娱优纾悲，亦当勉见于言语。傥粗传于后世，

犹少答于深知。

——〔宋〕陆游《通判夔州谢政府启》

一路上,陆游途经了江苏、安徽、江西、湖南、湖北等多个省市,到达夔州时,已是初冬季节了,这一次上任真的一点都不亏,可以称得上是公费旅游的经典案例。

作为文人,陆游一路上少不了写日记,并且他把这些游历所见写成了六卷游记《入蜀记》,其中包括日常旅行、人文景观、世情风俗、文史考辨、旅游审美等多项内容,不仅具有很高的旅游参考价值,在文学造诣上也达到了非常高的水平。后人外出旅行都可以用《入蜀记》作为攻略。

有钱又有闲,旅游才能在宋朝成为一项全民喜好,而苏轼、陆游、欧阳修等文人更是游山玩水的忠实爱好者,在旅游过程中创作的作品,又从侧面推动了更多人加入到这项活动中。

养老制度 | 六十岁退休直接领养老金,"打工人",加油!

讲完了吃喝拉撒,就到了人生的又一关键时刻,为老板辛辛苦苦工作 30 年为了什么,不就是为了能够早点退休养老嘛。

那么对于宋朝人来说,他们的平均寿命也不过才 40 岁左右,就算是皇上天天锦衣玉食，平均寿命也没有超过50岁，那么宋朝人民还有养老的必要吗？答案是肯定的，老有所依、老有所养、老有所用是中国人的传统观念。

从另外一个层面说，中国古代的社会生产往往是由生产经验推动的，丰富的生产经验对农业生产和政治文化都有很重要的推动作用，养老自然也成为人们日常生活中关注的一点。

在宋朝，年龄多大算老年人？

什么年龄可以退休养老，各朝各代其实并没有一个统一标准。比如唐朝规定官员70岁的时候致仕，也就是所谓的退休。但是像狄仁杰、郭子仪、裴度等国家重臣到70岁依然继续在岗，狄仁杰甚至被武则天称为"国老"，郭子仪、裴度的工龄也都达到了二三十年，可谓大唐王朝的资深打工仔了。

宋朝一般是把60岁作为老年标准，在整个宋朝的执行过程中可能有过微调，但总体来说，可以将60岁作为宋朝的养老年纪。

宋朝沿用隋朝"黄、小、中、丁、老"的人口统计标准，男女3岁以下为黄，15岁以下为小，20岁以下为中，男子21岁为丁，60岁为老。宋太祖乾德元年（963）十月，"令诸州岁奏，男夫二十为丁，六十为老，女口预"。雍熙元年（984）朝廷在钱役法令中规定"以二十成丁，六十入老，并身有疾废者，免之"。

对于普通人来说，在宋朝到了60岁就可以自由自在地享受退休生活，对于官员来说，可能要到70岁才能退休，但多干的10年，可能也没有什么苦活累活，对于在宋朝当官的人来说，延迟10年退休是一件性价比很高的事情。

宋朝的官员是怎么养老的？

其实宋朝的官员是最关心养老问题的。在皇帝身边伴君如伴虎地过了大半辈子，最期待的就是可以颐养天年，享受一下多年的劳动成果。对于官员这些小心思，皇帝也心知肚明，为了确保国家权力高度集中，手里的皇位可以世世代代传下去，最简单的方法就是让这些人拿了钱别闹事，让他们上班的时候老老实实地为皇帝卖命，退了休之后舒舒服服地过老年生活，不至于威胁到自己的统治。

基于以上两点，宋朝官员的养老制度还是颇有特色的。

首先，宋朝官员法定退休年龄为 70 岁，宋真宗咸平五年（1002），谢泌向皇帝建议文武官员到 70 岁的时候再退休，皇帝一口应允。对于部分重要岗位，还会令 70 岁之后延迟退休或者被皇帝返聘，一辈子都为皇帝卖命。

之所以官员退休的时间比普通百姓要多 10 年，其实是站在官员所得利益的立场上考虑的，由于宋朝官员已经属于管理层了，在职的时间越长，拿到的工资越多，退休之后的待遇也就更好。所以很多官员巴不得自己可以干一辈子，不管是主动任职还是被朝廷返聘，整个宋朝都不乏一把年纪还继续上班的官员。

比如文彦博去世时是 91 岁，是历经宋仁宗、英宗、神宗、哲宗四朝的重臣。宋神宗末年的时候，也就是文彦博 77 岁那年神宗批准他退休。可没想到宋哲宗刚一即位，司马光就又把文彦博召唤回来了，当时文彦博已经 80 岁了，还被任命平章军国重事一职。由于文彦博年纪实在是太大了，皇帝还专门授予他若干特权，比如"六日一朝，一月两赴经筵"，后来又改为"十日一赴朝参，因至都堂议事，仍一月一赴经筵"，能保证机要政务参与决策即可。

别看文彦博已经80多岁，处理政务的效率依然是杠杠的，当时有契丹使者耶律永昌、刘霄来访问，苏轼带着两位使者去拜谒哲宗的路上，这二位在殿门外远远望见文彦博，还很疑惑地问苏轼此人是不是潞国公，苏轼告诉这两位使者文彦博的年龄后，使者说："年寿如此高，但身体怎么这么健壮！"苏轼就开始各种"凡尔赛"了，他称赞文彦博说："你只看到了他的容貌，没有听见他说话。他综理各种事情，极其精练，即使是精壮年也赶不上他；他学贯古今，即使是行业专家也有所不及。"两位来自契丹的使者毕恭毕敬地说："文彦博真是天下异人。"

再比如在前文"四相簪花"中的替补队员吕公著，他在元祐三年（1088）拜司空、同平章军国事时，也已经是71岁高龄，虽然比不上文彦博80岁高龄，但在宋朝也算是高寿，同样被皇上特许"一月三赴经筵，二日一朝。因赴都堂议军国事，出省毋拘时，常行文书免签书。别建府第，许执政往议事"等。

其次，宋朝官员的工资水平本来就不低，在退休之后还可以获得半俸收入，这对于官员来说就是稳赚不赔的买卖。

这项规定是从宋太宗淳化年间（990—994）开始执行的，凡是文武官职退休的，可以获得一半的工资，其他的衣食住行由当地政府作为补充。这也不算一笔小钱了，而且这些退休官员在职的时候往往会提拔一些后辈，这些后辈逢年过节的时候也会去孝敬一下老领导。一些朝廷重臣退休之后，还有机会得到皇上特批的全额工资，也就是在家歇着也能正常拿工资。

再次，官吏退休之后，都可以升转其本官阶一阶，称为"加转一官"。如果得到皇帝的特许,还可以升转几阶。

> 凡文武官致仕者,皆转一官,或加恩其子孙。
>
> ——〔清〕徐松《宋会要辑稿·职官》

比如仁宗时的宰相张士逊多次请求退休,经皇帝特批,升转了七级,从兵部尚书一下升到太傅之位,以邓国公的身份致仕。

而且已经致仕的官员,每逢朝廷举行大礼、皇帝登基、庆寿等活动时,仍然有机会升转官阶。

此外,官员致仕的时候还有荫补待遇,就是让官员的子弟享有政治特权。宋仁宗时期,四品以上文官和六品以上武官致仕时,还可以按照官品的高低授给其一至三名近亲子弟低级官衔。五品到七品的文官和七品武官,致仕时如果放弃升迁的机会也可荫补一名近亲。

> 凡文武朝官、内职引年辞疾者,多增秩从其请,或加
> 恩其子孙。
>
> ——〔元〕脱脱等《宋史·致仕》

这种荫补制度作为官员退休后的一种福利待遇,可以激励官员在上班的时候好好干活,让皇上在退休的时候大笔一挥,让子女可以受荫于自己的业绩。

甚至一些致仕后的官吏可以请求"恩例",就是向朝廷打报告说明自己生活上有什么需要解决的困难和问题。一般情况下朝廷都会帮助解决的,比如为家人请求赏赐或者官职之类的,一般皇帝看在其为朝廷卖了一辈子命的情况下,也都会答应。

从以上四点宋朝对退休官员的优待来看,当时的官员只要能活到退休那一天,之后的待遇还是相当不错的,整个宋朝期间,给

退休官员的补助大概占了朝廷给官员拨款的一半左右，可见宋朝皇帝真的是护犊子啊，只要给老板好好干活，老板护你一辈子周全。

普通民众的退休

宋朝的普通老百姓可就没有这么好的待遇了，他们干到60岁退休，而且还没有退休金，要么继续打工赚钱，要么就只能住养老院了。

福田院是北宋成立最早的福利院组织，在每年冬春时节专门收养无家可归的老幼病残和难民饥民。最早，京城有东、西福田院，所需的经费由官府拨给，但是整体收养的人数比较少，不足以解决当时社会所面临的所有养老问题。

从宋朝的第三任皇帝宋真宗开始，就把养老问题当作一件正事来看了。当时规定60岁以上的老人都可以选择进入福利机构养老，直接由政府发放粮食和零花钱，此外还有专人照顾老人的饮食起居，不需要缴纳任何费用。这个政策至少满足了老年人最基本的生活需求，饿了有饭吃，病了有医生。

到宋神宗的时候，对于高龄老人的照顾更加体贴入微，对80岁以上的居养老人，政府还有额外补助，发放大米及柴钱，90岁以上老人每天发酱菜钱20文，夏天发布衣，冬季给棉衣。一年四季不仅每天有小酒小菜，还有政府给发新衣服，这种生活也算是乐逍遥了。

对于百岁以上的老人，宋朝的做法就是只要人在，我就一直好好养着，还会给予一定的社会荣誉称号和职位，比如嘉祐五年（1060）十二月，宋仁宗下旨授任12名百岁以上老人为州助教，熙宁二年（1069）五月，宋神宗授职浙江台州百岁以上老人9名为本州助教，虽然助教只算是从九品的官职，但这些老人本来也胜任不了助教的职责，给他们这个职位，不过是让他们面上有光，开心开心。

仁宗时期，经过前期各行业的积累，人民生活水平比宋朝初年显著提高。嘉祐二年（1057），在常平仓、惠民仓的基础之上，设置了具有社会救济功能的广惠仓，让天下的老弱病残都可以有得到救济的地方。经过连续几代宋朝皇帝的经营，政府对养老问题考虑得越来越周全，对于老年等丧失劳动力的群体的待遇也越来越优厚。当时的一些官员还在朝廷政策的基础上，创新出来一些"打法"，比如北宋的名相富弼在治理青州的时候，建立了10万所公租房性质的住宅用于流民的安置，单单这项举措就养活了50余万人，在这50余万人之中又挑选出了几万可以打仗的士兵，这种非战争时期"藏兵于民"的思路还是很先进的。

广惠仓一直到神宗年间才被常平仓合并，在王安石实施变法之后，又被青苗法替代，在相当长的时间里，广惠仓肩负起了很多老年人和丧失劳动力的人群的养老责任，为整个宋朝的养老制度奠定了良好的基础。

在广惠仓的影响之下，当时还诞生了私立的养老院，就算年

龄没有达标，也可以通过缴费入住私立养老院，享受与官方养老院一样的待遇，可以理解为交钱提前享受退休生活。

宋英宗年间，福田院进行过一次扩编，又增设了南、北福田院，原来的东、西二院也进行了人员的扩充，每个福田院每天可以供得起 300 人的口粮。最开始的时候，由朝廷每年出 5000 贯作为福田院的日常开支，后来又增加为 8000 贯。

熙宁九年（1076），朝廷又对养老救济问题进行了升级处理，对老人和病残者等，从辖区之内寻找无人居住的房屋供他们居住，并按照标准给予口粮，如果没有房屋或者口粮，就从官府产权的房屋中找房间给他们住，从常平仓储备所生利息中补充一部分吃穿用度给这些人。

不管对于官员还是普通百姓，宋朝的养老制度总体来说都是相对比较先进的，很多方面与现代的养老制度相似，这在很大层面上归功于当时相对稳定的经济发展条件。等到宋朝跟元朝开始打仗的时候，宋朝皇帝就知道光靠文官没有武将的憋屈了，一旦养老制度所需的外部稳定环境被打破，就没有什么养老可言了，没错，说的就是咸淳九年（1273），襄阳一失陷，宋朝的养老体系就直接崩溃了。

洗漱如厕 | 没有抽水马桶的日子里，大粪都成了抢手货

老百姓的日常生活不止看书、喝茶、买买买，每天的第一件事情当然是洗漱，对于现代人而言，洗发水、沐浴露、牙膏等这些洗漱用品自然是少不了的，那么宋朝人是怎么洗漱的呢？毕竟他们连自来水管和抽水马桶都没有。

潘金莲是怎么伺候武松洗脸的

我们先来看看《水浒传》第二十四回里，潘金莲是如何伺候武松洗漱的，"次日早起，那妇人慌忙起来烧洗面汤，舀漱口水，叫武松洗漱了口面"。在这里，潘金莲给武松烧的"面汤"就是洗脸水，而"漱口水"就是用来刷牙的水。

别小看宋朝人们对个人卫生的追求，当时洗漱用品的发展已经相当成熟，虽然没有洗发水、护发素、洗面奶和沐浴露这么细分的产品种类，但是肥皂的雏形已经出现了。当时的人们把天然皂荚捣碎细研，加上香料等物，制成橘子大小的球状，用来洗脸洗澡，人们称其为"肥皂团"。当时临安城里的小商贩的摊位上都有肥皂团出售。

洗漱用品除了肥皂团，还有皂角、澡豆等，其中前者属于纯天然洗漱用品，后两者则属于在肥皂团出现之前的主流洗漱用品，

是用豆子研成的细末作为主料，添加药品制成细丸状，用来洗脸、洗澡。《千金翼方》中的澡豆配方，现在看起来依然奢侈得吓人，除了丁香、沉香、青木香这些香料，还要加上桃花、蜀水花、木瓜花、奈花、梨花、红莲花、李花、樱桃花、白蜀葵花、旋覆花等花朵，先不说这些花朵并不是同一个季节可以采集的，就算是同一个季节，普通人家也没有这么多闲情逸致去采花回来碾碎千遍，普通人家的澡豆大概就是大豆粉和其中若干种香料制作而成的。

王安石不仅不爱洗衣服，他连脸都不爱洗！

假如宋朝的日化用品制造业不发达，宋人倒还可以把不洗澡的黑锅甩给当时的工业水平，但宋朝不仅在洗脸、洗澡用品方面已经相当有一套，而且宋人在刷牙方面也已经有了初步的认知。

在宋朝，人们发明了最早的牙膏，其配方主要是柳条和姜汁。柳条中含有丰富的水杨酸，也就是阿司匹林的有效成分之一，具有抗微生物、解热镇痛的功效，因此对于龋齿和牙龈出血都有很好的疗效，而姜汁具有解毒杀菌的效用。

> 柳枝、槐枝、桑枝煎水熬膏，入姜汁、细辛、芎䓖末，每用擦牙。
>
> ——〔宋〕王怀隐等《太平圣惠方》

除此之外，还有人利用酒精的消毒作用保持口腔健康，每次喝酒的时候都要漱口，就算是喝醉了也不会忘，这算得上是养生的老前辈了。

除了牙膏，宋朝人也用牙粉，主要是用茯苓、石膏、龙骨、寒水石等材料研磨而成，早晚都用这种牙粉来擦牙，用来保持牙齿健康。相传当时有一名叫王汉卿的小伙子，用了这个牙粉之后，到了 90 岁的时候还能用牙齿嚼肉吃。

在早晚之外，也有人借用苦参或者鸡舌香之类的中草药杀菌去口臭，苦参水提液对金黄色葡萄球菌、大肠埃希菌、枯草芽孢杆菌、白假丝酵母菌和黑曲霉菌具有明显的杀菌作用，鸡舌香具有清除口腔异味、抑制细菌生长、减轻上呼吸道感染症状等功效。对于一些中老年人来说，如果日常有口气的话，经常会用这两种草药维持口腔健康。

这两种"口香糖"也有不同的缺点，比如前者服用久了可能会伤肾，后者性温但味道相对比较刺激一些，相对而言，还是现代人直接采购各种口味的口香糖要幸福得多。

沈括当年就痴迷于用苦参擦牙，结果用了多年之后，牙齿没什么问题，腰部却疼得走不了路，后来有同事告诉他寒苦之药常常伤肾，而肾又是腰之府，因此苦参不适合常年使用。沈括停用苦参擦牙后腰病才慢慢地好了。

至于鸡舌香，不仅味道比较刺激，形状也比较奇特，像是一根螺丝钉一样。但由于有较好的抑制口腔异味的作用，所以在当时的上流社会比较流行。官员含鸡舌香上朝已经成为一种礼仪，有的时候皇帝还会专门给官员赏赐鸡舌香。

> 应劭为汉侍中，年老口臭。帝赐鸡舌香含之，后来三省故事郎官日含鸡舌香，欲其奏事对答芬芳。
>
> ——〔宋〕郑樵《通志》

除了各种牙膏、牙粉、"口香糖"，宋朝也出现了牙刷的雏形，当时人们称其为"刷牙子"，主要是用骨、角、竹、木等材料作为主杆，在头部钻两行孔，上面植入马尾，和现代的牙刷结构已经很相似了。

当时的临安城里有很多以卖牙刷等洗漱用品为业的小商贩，有一些卖牙刷的店铺，比如凌家刷牙铺和傅官人刷牙铺已经是当地很有名的百货商店了，所以宋朝的牙刷基本可以作为常见的日用品之一，一般注意个人卫生的人家都会把洗漱当作是一件每天必做的事情。

话说到这里，就不得不"黑"一次王安石了，作为语文和历史教材中熟悉的面孔，王安石为应试教育贡献了诸多的考点和难点，但是这位老人家吧，在个人卫生方面，实在是不怎么注意。《宋史》这种正史上也对王安石的个人卫生情况进行了记载，说他喜节俭，不仅不爱洗衣服，而且还经常不洗脸。

性不好华腴自奉至俭，或衣垢不浣，面垢不洗。世多称其贤。

——〔元〕脱脱等《宋史·王安石传》

一些记录八卦的野史自然也不会放过王安石，说他衣服上都是污垢，吃饭也不讲究，当然了，在说他不洗脸之前也会称赞他一句真性情。

王荆公性简率，不事修饰奉养，衣服垢污，饮食粗恶，一无所择，自少时则然。

——〔宋〕朱弁《曲洧旧闻》

甚至因为不洗脸的原因，门人以为他得了重疾，专门把医生请了过来，经医生望闻问切之后，淡定地跟王安石说："老哥啊，你这脸黑是因为汗垢的原因，并不是得了什么病。"还很贴心地给王安石带了肥皂。谁知道王安石说自己天生脸黑，就算是用肥皂洗脸也不会有什么改观，这应该是历史上为数不多的把自己的不修边幅怪罪给老天爷的文人了。

上厕所也讲究养生

说完了早上的洗脸刷牙，自然而然地就到了如厕的环节。古人上厕所真的是超级讲究养生，如果有便意的时候要及时解决，不管是开会还是吃饭，都要放下手头的事情，马上去厕所方便一下。

之所以片刻都不等，主要是有两个方面的原因：从养生方面来说，憋的时间长了会伤害膀胱、肾脏等器官，引发膀胱炎、肾炎等古代没办法鉴定的疾病；从穿着方面说，宋朝人的服装可比现代人要烦琐太多了，穿着一套长衫长袍狂奔进入厕所，有伤斯文。所以宋朝人一旦内急，片刻都不会等，马上就要去厕所。

宋朝公共厕所的格局和现在差不多，除了大便蹲坑和小便池子，还提供洁手用品和热水，设施非常完善，从一定程度来说，宋朝的公共厕所已经可以比肩现代的公共厕所了。

甚至还出现了一些豪华版的公共厕所，比如金山寺的公共厕所"面阔九间，进深四间"，折算一下，一间公厕的建筑面积就有600平方米，这比很多有钱人家的宅子还要大了。

豪华版公厕里，一般还会给人们准备用来晾衣服的竹竿和木炭炉子，方便人们脱了长衫之后，把衣服、饰品、香囊、帽子之类的东西挂好，而木炭炉子是用来给人们烘干毛巾用的，冬天无家可归的人在公厕里避风雪也是极好的。这样的豪华版公厕虽然不常见，但是从设计理念上来说，已经考虑到了各个环节所需要用的东西，但唯独有一种东西，是考虑到了，但是做不到，那就是手纸。

清理便便的环节

如厕的其他东西都可有可无，但是手纸不能没有，对于宋朝人来说，这却是个自相矛盾的问题。

虽然宋朝的时候已经有了造纸法，但靠树皮麻头造出来的纸张还不能完全满足所有的日常用度，大多数还是用来写字作画，如厕这种事情是轮不到用纸张的，所以大多数人的选择还只能是"厕筹"，也就是用竹片、木片、树枝等。这些纯天然的厕筹可以在清理完便便之后，洗洗干净再重复利用，既实用又环保。可能就是使用体验不太好，所以下次复习《寻秦记》的时候，稍微理解一下古天乐看到厕筹时那一言难尽的表情吧。

单用厕筹肯定是洗不干净的，如果不信的话，可以自己亲自试验一下，所以还需要进行第二步，也就是用水洗，如厕完毕之后，正前方会有备好的水盆和勺子，用来清洗。对生活品质要求更高的人，可能还会自带水，这样更卫生。

伴随着第二个步骤，第二个问题也来了：用什么洗呢？

没有纸张，厕筹也被回收利用了，只能靠自己的双手了！

一手拿着勺子，另外一只手"轻拢慢捻抹复挑，初为霓裳后六幺"，错了错了，应该是轻拢慢捻抹复挑，洗尽铅华也从容。

最后一个步骤就是洗手了。由于在上一步中，双手承担的工作量有点大，所以最后一步的内容也很烦琐，先要用粗颗粒的炉灰把指缝指甲中的残留物摩擦出来，然后再用细土进行第二次搓手，把更小的残留物带出来，最后再用添加了香料的澡豆洗手。

完成了上述所有的工序之后，一次步骤烦琐的刚性需求才算是彻底完成。

但也不是所有的人都对粪便嗤之以鼻，在厕所里对双手反复揉搓，用澡豆洗个十几遍之后才不情不愿地从厕所里出去，有的职业就是靠粪便为生的。

奇葩，抢粪便究竟为何

宋朝的时候，宫廷内部、达官贵人和富贵人家的家里都会准备马桶，以用于日常的如厕需求。所谓的马桶就是带盖的圆形木桶，内侧会刷上桐油或朱漆，用于防水。

欧阳修曾记载过燕王跟马桶的故事，称燕王非常喜欢坐在马桶上，坐上了就不肯下来，饿了就坐马桶上喝酒吃饭，常常是乘着兴致在马桶上面奏乐唱歌，整天喝酒。这位王爷的嗅觉可能不是那么好。

> 故观察使刘从广，燕王婿也，尝语余："燕王好坐木马子，坐则不下，或饥则便就其上饮食，往往乘兴奏乐于前，酣饮终日。"
>
> ——〔宋〕欧阳修《归田录》

在《归田录》中，欧阳修将马桶称作"木马子"，后世的学者还专门对欧阳修的这个说法进行过考证，得出的结论跟《辞源》中对"木马子"的解释一致，也就是"木制的马桶"，简称马桶。

> 木马子者竟是便溺之器……在宋时已有马子桶之称，

则允良所坐木马子必是此物。

——〔清〕俞樾《茶香室丛钞·八大王之子》

朝廷之中有专门负责刷马桶的部门，大家在清宫剧里都频繁听到过这个部门——辛者库，达官贵人的家中也有的杂役每天负责清洁马桶，那么穷人家的马桶怎么处理呢？自然也有专门的职业来负责清理普通百姓家的马桶，当时人们称其为"倾脚头"，也就是挑粪工，他们会按时来把家家户户马桶中的粪便回收走。

街巷小民之家，多无坑厕，只用马桶，每日自有出粪
人瀽去，谓之倾脚头，各有主顾，不敢侵夺。或有侵夺，
粪主必与之争，甚者经府大讼，胜而后已。

——〔宋〕吴自牧《梦粱录》

在杭州城里，挑粪工也是有各自地盘的，每个挑粪工都事先划分好范围，每天只能把各自负责的胡同巷子负责好，不能去抢别人的生意。如果不守规矩，甚至会闹到为了粪便打官司的地步，最后还需要官府出面才能摆平。

至于粪便为何如此抢手，其实也不难理解，以农业为主要产业的封建社会，不管是种花养草，还是种菜种粮食，都需要粪便提供的肥力，挑粪工们从市民这里收取了清理粪便的费用，再把粪便送到农田或者肥料生产商那儿卖钱，一份粪便两份钱，难怪要为了粪便打官司了。

如此看来，宋朝人对于个人卫生的种种细节还是极为上心的，洗脸、刷牙和如厕的步骤基本和现代社会保持了一定程度的一致性，各种洗漱用品也不再是皇家贵族的专属用品，即使是普通人家也能享受到相对科学的洗漱标准。

第七章

大宋的大官，
幸福感满满

<table>
<tr><td>上班</td><td>上班尽管直言上谏，
不用担心掉脑袋</td></tr>
</table>

客观地讲，宋朝文官的日子过得相对还是比较舒服的，其中最招人恨的大概就是谏官了，他们基本上是上怼皇帝，中怼同事，下怼自己想怼的，万事皆可怼。

造成这一局面的主要原因是宋朝重文轻武，文官的部门规格升级了，岗位的职责和权力也大了，知识分子感觉自己受到皇帝重用了，心里又觉得可以为万世开太平了，所以上班也不再畏首畏尾，看不惯的就直接行使谏官的权力了。

部门规格升级了，打工的腰杆也挺直了

宋朝设立谏官机构的时候，已经从唐朝那里继承了成套的规章制度，在设立之初就已经相当完善了。宋朝初年主要有左、右谏议大夫，左、右散骑常侍，左、右司谏，左、右正言等岗位。

到宋真宗在任期间，又专门设立了谏院，这个时候，实行的还是台谏合一制度，即将御史台和谏院的职权合二为一。

等到宋仁宗的时候，谏院就出来单干了，有了自己的办公室，也有了自己的人事编制，可以根据业务需求自主招人了，而且招聘 JD（Job Discription，工作职责描述）上也可以大大方方地写：本职位不仅可以谏诤君主，还可以奏论官员。简而言之，本职位

拥有定向释放技能，可针对单个个体展开攻击，也可针对攻击范围内的群体展开攻击。

乾兴元年（1022），宋仁宗刚即位的时候才12岁，这个时候他还需要跟章献太后刘氏共同执政。对于皇室家庭中长大的宋仁宗，即使只有12岁，也知道应该早点儿把权力集中在自己的手中，这个时候最重要的就是团结一切可以团结的力量。

在当时的朝廷中，范仲淹与孙祖德曾建议过太后把权力还给皇上，虽然没有成功，但是皇上知道了这两个人是站在自己这一边的，"仁宗以为忠"，双方在想让太后退居幕后这件事情上达成了一致，皇上把这两个人当作自己人了。

> 太后崩，召为右司谏。言事者多暴太后时事，仲淹曰："太后受遗先帝，调护陛下者十余年，宜掩其小故，以全后德。"
>
> ——〔元〕脱脱等《宋史·范仲淹传》

太后去世后，范仲淹马上就被升到了右司谏。其实对于范仲淹而言，他不在乎对面站的是皇上还是太后，他觉得太后垂帘听政做得不对，就会站出来替皇上说话，而当太后去世之后，其他人私下里说太后的闲话，范仲淹又站出来为太后说话，认为不应该把太后的一些小瑕疵放大处理。

得到同样待遇的还有孙祖德，太后去世之后，孙祖德也身兼数职，同时作为尚书兵部员外郎兼起居舍人、知谏院，这个待遇还是挺高的。

事实证明，后来宋仁宗提拔起来的这几名谏官还是很有胆识的，不仅不惧怕宰相等同朝为官之人，对皇帝本人也一点都不客气。

比如说在废皇后这件事情上，这几名谏官几乎快把宋仁宗给逼疯了，如果不是宰相吕夷简知道皇帝那点小心思，估计皇帝能被范仲淹活活气死。

宋仁宗的第一个老婆郭氏是平卢军节度使郭崇的孙女，但立郭氏为皇后并非宋仁宗自己的本意，而是刘太后一手操办，即便不愿意，仁宗也不能说什么。

郭皇后出身豪门，性格高傲乖张，把后宫嫔妃视为威胁，阻挠其他女人受宠。再加上宋仁宗是出了名的老好人，不方便直接得罪郭皇后背后的刘太后，所以郭皇后只要做的不过分，他一般也不过问，但他对郭皇后也没什么感情，属于井水不犯河水的情况，说白了就是两情无法相悦，于是选择冷暴力。

等到太后去世了，宋仁宗终于能过几天享受的日子了。当时他比较宠爱尚氏和杨氏，这还了得，郭皇后可能还没从有刘太后撑腰的梦境里醒过来，完全认不清形势，还三番五次为难尚氏。尚氏也不是省油的灯，倚仗皇帝宠爱，也不在乎你是不是皇后了，反正有皇帝宠着，也不怕皇帝偏向哪一边。

有一天，两个女人又碰面了，仇人见面分外眼红，竟然当着皇帝的面争风吃醋，郭皇后怒不可遏，一巴掌就朝尚氏脸上呼了过去。但万万没想到的是，皇帝竟然站出来替尚氏挡了一巴掌。郭皇后这一巴掌结结实实地打在了皇帝脖子上，这一下她直接懵圈了。

按理说，这本是皇帝的家事，犯不上把事情闹大，但是宋仁宗这个老好人这次却认真了，他下令让宰相吕夷简入宫，为自己"验视"伤痕。吕夷简一下子就猜到了皇帝的心思，让自己这个外人做见证人插手后宫之事，摆明了是要废后，于是便指使谏官范讽进言说："已经立皇后有九年了，现在还没有生下子嗣，按道理应该废掉。"

这其实还是有点草率的，皇帝一纸诏书，皇后就这么被废了，估计群臣百官也是懵的。

所以消息一传出，首先站出来的就是宋仁宗自己提拔的这些谏官们。

御史中丞孔道辅、右司谏范仲淹等人认为皇帝此举是自毁圣明，联合了十多名官员上书反对废后，吕夷简早就吩咐台谏部门不接收谏官奏疏，这下子可惹恼了谏官们，孔道辅、范仲淹等十几个人来到阁门要求皇帝收回成命，阁门使也不敢开门啊，气得孔道辅拍着门上的铜环大叫："皇后被废，为何不听言官进谏！"

然后孔道辅、范仲淹等人找到吕夷简开始 battle（战斗，此处指争论）。孔道辅是孔子四十五代孙，理论功底十分深厚，他质问吕夷简："大臣之于皇帝皇后，就像子女侍奉父母；父母不和，子女可以出面劝和，为何一定要听父亲的话，把母亲赶出家门？"

吕夷简就应答说："废后一事自有汉唐故事，诸君不必激动。"

孔道辅又说："光武帝废后的事情本来就是光武帝失德，有什么值得效仿之处？从来废后皆是昏君所为。圣上应该学习尧舜品德，你为什么劝皇上效法昏君作为？"

吕夷简说不过这些靠嘴皮子吃饭的谏官，又把皮球踢到了皇帝那里："那你们明天亲自去找皇帝理论吧。"

说到这里，其实孔道辅、范仲淹等谏官已经知道吕夷简跟皇帝是一个鼻孔出气了，问题的根源还在皇帝那里。但是谁知第二天一大早，孔道辅、范仲淹刚到办公室，还没来得及找皇帝，皇帝的圣旨就到了：孔道辅出知泰州，范仲淹出知睦州，孙祖德等其他人罚铜二十斤。

仁宗不仅把这些不听话的谏官们好好地教训了一顿，让他们知道这是谁的天下，而且还规定以后谏官只能"密具章疏"，不准"相率请对"，就是说，以后谏官要私下上奏章，不能动不动就集体上访要求皇帝接见。在宋仁宗和吕夷简联手的强行压制下，孔道辅、范仲淹等谏官直接被发配到外省去了，再也没办法插手皇帝的家事了。

宋仁宗因为女色在谏官那儿吃的亏不止这一次。上文中跟吕夷简站在统一战线的范讽也是一名谏官。对于废后这件事，他并不是说在捧宰相臭脚，而是对那件事有自己的立场和原则。

范讽刚当上开封府知府的时候，一天，有个富豪找到他说自己的儿媳妇不见了，听说被召进了皇宫。

啥？皇帝强抢民女了？这可是个爆炸性大新闻啊！

范讽一听，赶紧对他说："你不要对别人说这件事情，等我查清楚了，自然会帮你把人找回来的。"富商刚走，范讽立马就杀到皇宫里，先是一顿彩虹屁："皇上啊，所有人都知道您不爱美色，这种事情您可不能干哪。"

然后再搬出自己打辩论赛的看家本事："况且人家已经过了门，又怎么能进宫？于礼不合于法不容啊！"

宋仁宗本来这事儿就比较理亏，加上耍嘴皮子是谏官的老本行，范讽几句话下来，皇上自己都觉得无地自容，赶紧解释："皇后跟我说最近来了个美人，但是我还没见过。"

要不说皇帝这职业不好干，不但要精通向下管理，让臣子百官都听自己的，而且甩锅本事也要保持一流水准，这么一句话就摆脱了自己的嫌疑。第一，这件事是皇后跟我说的，我可不知情；第二，我连人都没见过，当然不会触犯礼法了。

范讽一听，乐了，皇帝你既然这么说，就正中下怀了："那好，那皇帝您赶紧把那个女子交给我吧。您可不能被身边的小人给骗了，不明不白地被那些人嚼舌根子。现在就把女子带过来给我吧，我好送她回家。时间久了，强抢民女这件事您就说不清楚了，而且我刚刚已经答应人家家人了。"

几句话下来，宋仁宗也知道，再不交人自己也下不来台了，于是便配合范讽完成了这出戏，把这名女子交给了范讽。

这一次大概可以称得上是范讽的成名之战了，富商上午去开封府告状，下午儿媳妇就回来了，这工作效率，杠杠滴。

谁料过了没几天，宋仁宗又觉得家花不如野花香了，这次是王德用给皇帝送了两名新美人。可能谏官这个群体总是看不惯皇帝有三宫六院，碰到这种事情，一个比一个跑得快。这次又换了一名叫王素的谏官。

王素是前朝宰相王旦之子，与皇帝家可以算得上是世交。仁宗不想交出这两名女子，就跟王素拉起了关系："王素啊，我是真宗皇帝的儿子，你是前朝宰相王旦的儿子，咱俩这关系是世交啊，王德用吧，确实给我进贡了两名女子，但是这两名女子已经服侍我左右了，能不能就让我把人留下来呢？"但王素毫不徇私，说："我担心的就是你左右啊！"

话都说到这份儿上了，仁宗也没办法了，只得泪眼花花地把美人送出宫殿。

从仁宗欲废黜郭皇后，到谏官们集体上奏，又到欧阳修等谏官代表被处罚，再到范讽、王素等谏官在日常工作中对皇帝的劝谏可以看出，宋朝的谏官们确实可以发挥一定的作用。不管是在公事还是皇帝家事上，谏官都能有自己的言论自由和劝谏权利。

但是劝谏这件事情的最终解释权还是在皇帝手里，说白了，没有触犯皇帝真正的利益，给你们这些谏官一个面子，顺便打造一个听取谏言的皇帝人设，但如果你们这些谏官的言论触犯到了皇帝真正的利益，那不好意思，你们也别在朝廷之上聒噪了，换个地方去当官吧。

谏官权力可不小，一口气干掉四名宰执

宋仁宗虽然总被谏官们怼，但还是赋予了谏官更大的权力，他在位期间，谏官可以论奏包括宰执在内的官员。

总的来说，这个时期的谏官工作内容分为内谏与外谏两部分，内谏的工作内容就是让宋仁宗也无可奈何的各种监督皇帝和皇室成员的进谏，外谏则是对于自己的同事也丝毫不客气，该打报告就打报告的针对百官的进谏。

但有一点要说清楚，那就是谏官可以论奏官员，而不能弹劾官员，这两者之间是有很大区别的，谏官可以做的只是向皇帝陈述事实真相，由皇帝做出决断，而不是给皇帝提出建议。

曾经提拔过欧阳修和苏洵一家三口的韩琦在担任右司谏的时候，曾经干过一件让后世都大为吃惊的事情。那是在宋仁宗宝元元年（1038），右司谏韩琦上书《丞弼之任未得其人奏》，称宰

相王随、陈尧佐及参知政事韩亿、石中立四人庸碌无能，灾异频发却束手无策，大宋绝不能"坐付庸臣恣其毁坏"。

宋仁宗听取了韩琦的意见，当天就将这四人同时罢职，这就是当时被人们热议的"片纸落去四宰执"。

> 历开封府推官、三司度支判官，拜右司谏。时宰相王随、陈尧佐，参知政事韩亿、石中立，在中书罕所建明，琦连疏其过，四人同日罢。
>
> ——〔元〕脱脱等《宋史·韩琦传》

这个情节在电视剧《清平乐》中也曾经出现过，可见后世对于韩琦的这次上奏还是颇为赞赏的。

但皇帝也不是每次都愿意听取谏官们的上奏。比如欧阳修、范仲淹等人在初期是宋仁宗提拔的业务骨干，但是在跟朝中一些大臣的来往交锋中，非但没有占到上风，到后来连宋仁宗都对他们产生了不满。

景祐三年（1036），范仲淹不满宰相吕夷简把持朝政，向仁宗皇帝进献《百官升迁次序图》，批评吕夷简的用人制度，吕夷简则污蔑范仲淹"越职言事、勾结朋党、离间君臣"。最终范仲淹被发配到江西饶州（今江西鄱阳）当官去了。

这个时候有几个人站出来替范仲淹说话，大家要注意一下，这是考点，秘书丞余靖上疏《论范仲淹不当以言获罪》，请求皇帝修改诏命；馆阁校勘欧阳修则写就《与高司谏书》，责备高若讷身为谏官却不站出来替范仲淹说话；后蔡襄作了一首《四贤一不肖》诗，攻击当时的谏官高若讷，诗成后京城内外争相传抄，大有洛阳纸贵之势。

四公称贤尔不肖，谗言易入天难欺。朝家若有观风使，

此语请与风人诗。

——蔡襄《四贤一不肖·右高若讷》

但是这些跟皇帝唱反调的人都先后被处分了，余靖被贬到了筠州，欧阳修被罚为夷陵（今湖北宜昌）县令。一直到庆历三年（1043），仁宗才提拔欧阳修、余靖、王素、蔡襄四人为谏官。

但好日子没有过几天，到了庆历四年，宋仁宗以升职的方式把欧阳修从知谏院里调了出来，以免他跟范仲淹等人结为朋党，当时其他几名谏官蔡襄、孙甫等人都请求皇帝收回成命，但是皇帝并未答应。

可见皇帝心里是有杆秤的，想做什么事情，升谁的官职，降谁的官职，心里基本已经决定好了，有的时候只是希望谏官们可以猜透自己的心思，当一个懂皇帝的工具人。但是谏官们真的做不到啊，尤其是宋朝的谏官，那是相当彪悍的。

宋朝的谏官为何如此彪悍？

宋朝的谏官敢管皇帝后宫的事情，敢对当朝宰相不客气，这种彪悍的底气主要来源于外因和内因两个方面。

外因主要是当时宽容的政治环境，宋朝文官最大的靠山不是别人，而是宋朝的"带头大哥"赵匡胤。他建国之后就在太庙中立石碑刻下祖训，其中有"不得杀士大夫及上书言事人"。这条祖训成为整个宋代士大夫言论自由的倚仗，后来士大夫敢公开参与到皇帝后宫的论战中，也是算准了宋仁宗不敢拿自己怎么样。

赵匡胤之后的皇帝也都遵守祖训，对于谏官给予了最大力度

的支持，即使谏官在工作中冒犯到了皇帝，或者对大臣提出了不正确的意见，至多也就是贬到外地为官，不会有什么危及人身安全的处罚措施，这让宋朝的谏官可以充分发挥主观能动性，为政治环境的改良做出贡献。

对于这些士大夫而言，就算被贬到地方做官，大部分也都能积极向上，为当地的经济文化建设做出贡献，而不是庸庸碌碌地当个地方官。一旦重新回到谏官系统，还是以前仗义执言的工作作风，长此以往，后来加入到谏官系统中的后辈也受到欧阳修、范仲淹等人的影响，坚持谏官的基本原则。

内因则主要是中国士大夫骨子里忠君忧民的思想准则，他们从思想深处是决定为帝王世家贡献自己作为士大夫的一份忠贞之力的，所以一直有"文死谏，武死战"的说法。一旦有愿意接纳谏言的皇帝，他们就会从内心深处觉得这是位可以追随的明君，而明君也会把善于纳谏作为衡量自己能不能做个好皇帝的标准，一般不会轻易拒绝谏官的上奏。

> 昏主则不然，说者拒之以威；劝者穷之以罪。大臣惜禄而莫谏，小臣畏诛而不言。恣暴虐之心，极荒淫之志。其为壅塞，无由自知。以为德超三皇，材过五帝。至于身亡国灭，岂不悲哉！此拒谏之恶也。
>
> ——〔唐〕唐太宗《帝范》

所以宋朝才会出现很多士大夫在担任谏官的时候，丝毫不顾及个人安危，一心只想要忠心谏言。比如范仲淹被贬为饶州知州的时候，在附近做县令的梅尧臣写了一首《灵乌赋》给他，暗喻范仲淹在朝中屡次直言都被当作乌鸦不祥的叫声，不如学那报喜之鸟，而不要像乌鸦那样报凶讯而被大家针对。

范仲淹当然知道梅尧臣是关心自己，但是耿直如范仲淹，马上回写了一首同样题目的《灵乌赋》，坚称不管人们怎样厌恶乌鸦之声，他始终都是宁可像乌鸦那么鸣叫着死去，也不愿意沉默地活着。

> 宁鸣而死，不默而生。胡不学太仓之鼠兮，何必仁为，
> 丰食而肥。

——〔宋〕范仲淹《灵乌赋》

在外因和内因的双重作用下，士大夫们在宋朝上班还是挺有尊严的，只要不是贪赃枉法，那么言论自由和工作自由都能够得到极大的保障，重要的是不用担心因为说错话而掉脑袋，这大概是宋朝对文人们最大的福利了吧。

宋词　下班酒楼一坐，留下千古名作

在中国的传统文化中，似乎文人和酒是非常受到大家认可的一对组合，酒离开了文人，还不如一碗解渴的水，如同可乐离开了薯片，就只是一罐填充了二氧化碳的糖水；文人离开了酒，就像极了写命题作文的文人，少了一些洒脱。

在以诗词出名的朝代，饮酒似乎也是这些宋人娱乐的主要方式之一，不管是升官发财，还是婚丧嫁娶，都会找三五好友来喝一杯。总之宋人是想方设法地找理由饮酒，没有理由就创造理由，哪怕说自己百无聊赖想喝酒也可以组一个酒局。

那些我们在书本中看到的正襟危坐的词人们，在喝酒这件事情上，一点都不端着，欧阳修说喝酒能锻炼品性，还要迎着东风喝酒，也不怕把自己冻着，晏几道就站出来说，喝酒能暖身，一壶酒就能让肚子暖起来，比什么暖宝宝、蚕丝被都要好用得多。

说到底，宋人可以在闲暇时候三五成群地喝酒作乐，得益于宋朝商业和文化生活的繁荣，从上到下都热衷于追求轻松闲适的娱乐生活。

论谁最爱喝酒作乐，皇帝老儿第一个

宋朝的皇帝从刚一上任就推行了崇文抑武的治国理念，文人们拿不了兵器打不了仗，但是在喝酒作词这件事情上，谁都不会认输，所以举国上下都沉浸在这种文化氛围中。无论是节日庆典，还是文人之间交个朋友，大家都先来喝两杯再说，加上有舞女、歌女在身旁，文人们更加不甘落后地创作，以供宴席上大家玩得开心。

比如晏殊本身是宰相，喜欢作词，偏偏生性又喜好宾客来往，天天都有酒局。而在宴席之上，歌乐相伴，谈笑杂出，酒尽歌罢的时候，晏殊便会赋诗作词，以供消遣，很是畅快。此种景象在晏殊家中几乎每天都在重复，结果晏殊一辈子写就了一万多首词。

下面的官员敢这么明目张胆地吃喝玩乐，当然是因为上面的皇帝言传身教，有事没事就设宴聚饮，请大家来喝上一杯。在朝廷内部，这几乎已经成为一种固定的"团建"形式。

宋真宗有次在太清楼宴请大臣，君臣之间嘻嘻哈哈非常高兴，皇帝突然问了一句："现在市面上最好的酒在哪里？"内侍说："南仁和不错。"皇帝马上让下人呈上来赏赐给大臣。真宗喝了之后觉得不错啊，就问酒的价格是多少，内侍如实回答。真宗又问身边的大臣，唐朝时的酒价怎样。

这下可难住大家了，谁也不会想到皇帝会在这个地方设置考点，只有丁晋公回答说："唐朝酒价每升 30 文。"

皇帝就问丁晋公怎么知道的，丁晋公回答说，他读杜甫诗的时候，杜甫曾经试过早上醒来喝一斗，需要给 300 文铜钱。所以知道一升 30 文。

虽然这种算法有点投机取巧，但是胜在反应快，所以皇帝也很满意丁晋公的答案，说杜甫的诗可以当作唐朝的史书了。

> 真宗尝曲宴群臣于太清楼，君臣讲决，谈笑无间。忽问："麶祐佳者何处？"中贵人奏有南仁和者。亟令进之，遍赐宴席。上亦颇爱，问其价，中贵人以实对之。上遽问："唐酒价几何？"无能对者。惟丁晋公对曰："唐酒每升三十。"上曰："安知？"丁曰："臣尝见杜甫诗曰：'蚤来相就饮一斗，恰有三百青铜钱。'是知一升三十文。"上大喜，曰："甫之诗，自可为一时之史。"
>
> ——〔宋〕释文莹《玉壶野史》卷一

从这则轶事中可以看出，到宋真宗那会儿，崇文抑武的措施已经落实得差不多了，皇帝也不用再上演杯酒释兵权的桥段，而是可以开开心心地跟大臣们一起饮酒作乐，哪位大臣在宴席上段子讲得好，还可以博得皇帝赞赏。

皇帝自己也很喜欢跟群臣一起喝酒作乐，平时工作的时候大家都板着脸一丝不苟，好不容易下班了，大家可以一起开开心心地喝顿酒，而且这些臣子还得恭维自己，变着花样地夸自己英明神武，皇帝当然喜欢这种游戏了。但是白纸黑字写在纸上的时候，还是要说自己有机会跟臣子们一起喝酒，是因为本职工作做好了。

> 昊穹垂佑福群生，凉德惟知监守成。
>
> 禾黍三登占叶气，箫韶九奏播欢声。
>
> 未央秋晚林塘静，太液波闲殿阁明。
>
> 嘉与臣邻同燕乐，益修庶政答丕平。
>
> ——〔宋〕宋孝宗《九月二十二日晚秋曲宴》

在臣子的作品中，是变着法子拍皇帝马屁。总之就是皇帝办宴会办得好，君臣同乐，感谢皇帝给臣子们一起喝酒、一起写词的机会。

王观曾经在词里写到宋神宗在大殿里喝酒的情景，当时殿上灯光如昼，皇帝一边喝酒，一边与一位嫔妃相戏，都已经喝醉了，进酒的人口中还在高喊着"万岁，万岁，万万岁"。这位嫔妃又跳起了《伊州》旋舞，皇帝亲自为她重整头上斜斜欲坠的玉簪，还要让其前往侍寝，这本来是一件皆大欢喜的事情，结果王观笔锋一转，说这名妃子今晚是走运了，六宫之中其他妃子又该落泪了。

> 黄金殿里，烛影双龙戏。劝得官家真个醉，进酒犹呼
>
> 万岁。
>
> 折旋舞彻《伊州》。君恩与整搔头。一夜御前宣住，

六宫多少人愁。

——〔宋〕王观《清平乐·黄金殿里》

王观的这首《清平乐》原意是嘲讽宋朝皇帝沉迷酒色的场景，但是侧面也反映了当时皇帝在下朝之后跟臣子们过的就是这种劝酒饮酒的娱乐生活，如果没有最后一句，可能王观还能因此升个官什么的，结果最后一句加上之后，皇太后觉得他在讽刺宋神宗，次日就把他给免职了。

皇帝不仅喜欢搞团建，有的时候也单独约臣子喝酒作诗，而且经常会把嫔妃一起叫上。这个时候，臣子们其实是比较为难的，自己的老板把各位老板娘都叫出来了，夸谁多一句不是，少一句也不是，必须有足够的文采，把皇帝和所有嫔妃的马屁都拍好了，这次酒宴才算圆满完成任务。

有一年中秋的时候，宋神宗加班处理完奏章，才想起当天是中秋月圆之日，不可无酒，就问身边的太监："今天的值班学士是谁？"太监们答道："是王珪王大人。"于是，宋神宗就把王珪叫到宫中饮酒赏月赋诗。

宋神宗和王珪放怀饮酒，谈诗论文，还将自己写的诗给王珪品赏，王珪极尽奉迎之能事，把宋神宗夸得心花怒放，后来宋神宗提议让随身的宫嫔拿出她们的领巾、团扇、手帕等物向王珪求诗，并让王珪使用自己的御笔书写。

这种即兴作诗的难度其实还是挺大的，不是谁都能像李白一样斗酒诗百篇。但是王珪也是个人才，在当时的环境下，还能做到出口成章，提笔成文，一口气写了上百首诗歌，这就是《宫词》系列。

一片桃花一片春，夜来风雨落纷纷。

多情更逐东流水，还作高唐梦里人。

碧桃花下试抨棋，误算筹先一著低。

轮却钿钗双翡翠，可胜重劝玉东西。

燕去燕来间白昼，花开花落送黄昏。

年年好景春风炉，梦里铅华湿泪痕。

侍辇归来步玉阶，试穿金缕凤头鞋。

阶前摘得宜男草，笑插黄金十二钗。

——〔宋〕王珪《官词》四首

宋神宗可太有面子了，跟陪酒的宫嫔们说，这是要给润笔费的。于是，宫嫔们纷纷取下自己的饰物放到王珪的袖中。不一会儿，王珪的袍袖里就装满了金银首饰。为了防止这些金银首饰掉出去，宋神宗还叫来手巧的宫女，帮着把王珪的袖子缝上，直到漏尽更阑时，才让人扶着喝醉了的王珪离去。

皇帝对饮酒作词的喜好也影响了下面的臣民，所以很多宋朝皇帝在位期间，大家伙儿都喜欢下班之后去酒楼坐着来几杯，兴致好的时候再写几句诗词。宋江在浔阳楼上敢写下那首《西江月》，也因"独自一个，一杯两盏，倚阑畅饮，不觉沉醉"，喝多了胡言乱语，结果被别人抓了把柄。

一年酿酒就要用掉 30 万石糯米，开酒楼真是个费粮食的生意

宋代酒楼的繁盛得益于官府对于酿酒业的扶持。北宋时的东京城里，酒楼星罗棋布，一年四季都开门营业，通宵达旦地迎接来自四面八方的客人。比如著名的长庆楼在京城就有 72 处

正店，其余的脚店更是多到数不清，满足了人们在娱乐生活中的饮酒需求。

再比如前文提到的樊楼，是当时东京城里最有名气的酒楼，被当时的宋朝酒徒们称为独一份的酒楼，可容纳上千人在楼里饮酒作乐。这等规模，放在今日的酒店里，也是非常豪华的了。

乃京师酒肆之甲，饮徒常千余人。

——〔宋〕周密《齐东野语》

后来樊楼改名为丰乐楼，在以前的基础上进行了扩建，三层高的酒楼就有 5 栋，而且各个楼层之间还有各种飞桥栏槛，明暗相通，"珠帘绣额，灯烛晃耀，明开数日"，换作是现在，恐怕这么豪华的酒楼也少见了。

这么多的酒楼，对酿酒的材料也消耗巨大，东京城里的酒楼一年单是酿酒就要消耗 30 万石粮食，也就是 15000 吨，按照宋朝每个农业劳动力年产粮食在 4000 斤左右来计算，东京城的酒楼一年就要消耗 7500 个劳动力每年的粮食产量，这个数字还是相对比较惊人的。

七年，诸郡旧不酿酒者许酿，以公使钱率百缗为千石，溢额者以违制论。在京酒户岁用糯三十万石。

——〔元〕脱脱等《宋史·食货志》

在北宋灭亡之后，南宋时期的酒楼生意一样做得风生水起，一点不亚于北宋时东京城的盛况。

宋朝其他的地市也有非常多的酒楼营业，比如鄂州城外的南市酒楼也是鳞次栉比，经常是 24 小时营业，天天都有车来车往，无论是盛夏还是寒冬，都不会有休息的时候。这么说来，比起来现在的酒楼，宋朝的酒楼工作强度明显更大，可以全年 24 小时营业，真的是超级敬业了。

南宋的酒楼不仅外观气派，里面的修饰和风格也追求风雅，有专门陈设的花竹景观和当时文人的书画，并且在墙上留有空白处，以便痛饮之后有灵感的文人有地方记下来自己想写的诗词。这些装饰摆设让当时的酒楼成为文人们喜欢吟诗作词的场所，也让酒楼和诗词产生了不解之缘。

借酒无法消愁，却写下了无数名作

对于宋朝人而言，饮酒已经是他们日常化的社交方式和创作灵感的来源，有的人到了酒楼之中，甚至不管对面坐的人是否认识，就坐下来一起喝酒，喝多了聊两句自然也就认识了。

在这些酒徒之中，不乏许多著名的诗人，比如《醉翁亭记》的作者欧阳修自称"醉翁"，上文中提到喜欢吃菌类的黄庭坚自嘲为"淫坊酒肆狂居士"。

> 万事令人心骨寒。故人坟上土新干。
>
> 淫坊酒肆狂居士，李下何妨也整冠。
>
> ——〔宋〕黄庭坚《鹧鸪天·万事令人心骨寒》

喝酒这件事情，独乐乐不如众乐乐，一个人独自喝闷酒当然也能憋出来灵感，写出很多不错的诗词，但大家在一起喝酒侃大山的时候，似乎更加可以激发不同于往常的创作激情，这大概就是《全宋词》中近三分之一作品都与酒相关的原因。

比如宋祁认为跟朋友喝酒最适合在黄昏，不仅要对朋友劝酒，还要对夕阳劝酒，让夕阳留下来将晚花照耀。

为君持酒劝斜阳，且向花间留晚照。

——〔宋〕宋祁《玉楼春·春景》

对酒邀宾同燕笑。莫教虚过芳菲了。

——〔宋〕王之道《渔家傲》

单看王之道这句诗的时候，觉得他喝酒时的心情还是挺好的，但其实，刚开始喝的时候，王之道感慨的是岁月漂流人易老，反而是喝到微醺的时候，才释然开怀，觉得不应让喝酒的时光白白浪费掉。

浊酒一杯家万里，燕然未勒归无计。羌管悠悠霜满地，人不寐，将军白发征夫泪。

——〔宋〕范仲淹《渔家傲·秋思》

戍边在外的将士，打仗本身已经很辛苦了，聚在一起喝酒的时候总是能想起万里之外的家乡，跟大家一起饮一杯浊酒，却又听到悠扬的羌笛响起来了，让大家今夜如何安睡？

不管是跟朋友一起言笑晏晏，还是跟领导、下属一起觥筹交错，饮酒都是宋朝文人世界少不了的催化剂。心情愉悦或者郁闷之时，一杯美酒或者浊酒，都可以让人马上进入另外一个超然的精神世界。

送别能作词，歌妓乞词也得硬着头皮上

在大家一起喝酒的场合中，又以互相唱和、送别钱行、歌妓乞词等场景居多。

互相唱和是最好理解的场景，大家聚在一起开心开心，我先来一首打个样，你如果不继续跟上的话，不是没文化，就是不给

我面子。换作现在，可能就是真心话大冒险了，明显宋人玩得更加高雅一点。

比如张先在渝州与朋友唱和的时候，明显就是喝高兴了，自己端着酒杯都走不动路了，还要劝别人多喝两杯酒，先别忙着迈出下一步。

> 听歌持酒且休行。云树几程程。眼看橹牙，手搓花蕊，
> 未必两无情。
>
> ——〔宋〕张先《少年游（渝州席上和韵·般涉调）》

送别饯行的场景其实是比较折磨人的，毕竟这个时候自己心情本来就不好，朋友为了达到安慰的效果，又免不了劝酒，而喝多了对身体又不好。

比如秦观这种，本来想好好为老板卖命，做一番事业出来，但是到了公司，干了没多久，项目没起色不说，又被同事甩锅，下班的时候被老板骂了一顿，还被老板从总部发配到分公司，这个时候必须要找个人一起喝杯酒吐吐槽，要不然抑郁症都要发作了。

> 相逢未几还相别，此恨难同。细雨蒙蒙，一片离愁醉眼中。
>
> ——〔宋〕李之仪《采桑子·相逢未几还相别》

大凡离别之时，不管是恨不能再次相约赏美景，还是心里暗搓搓地恨老板给的待遇不够好，字里行间总是少不了一个"恨"字，在上文之中，我们也提到过欧阳修的这首《浪淘沙》，当时他跟梅尧臣于洛阳城东故地重游，作为两人曾经携手同游过的地方，明年可能花会开得更好，可惜好友即将离去，明年的时候，没人一起赏花，没人一起喝酒，恨恨恨！

> 把酒祝东风，且共从容。垂杨紫陌洛城东。总是当时

携手处，游遍芳丛。

聚散苦匆匆，此恨无穷。

今年花胜去年红。可惜明年花

更好，知与谁同？

——〔宋〕欧阳修

《浪淘沙·把酒祝东风》

相对于秦观和欧阳修，苏轼跟朋友一起喝酒别离的时候，就没有那么多怨恨。他为陈令举饯行的时候正好是七夕这一天，于是他紧扣主题，把命题作文写成了自由发挥。豪放派的词大概就这点好处，相逢一醉是前缘，浪漫又洒脱。

客槎曾犯，银河微浪，尚带天风海雨。相逢一醉是前缘，

风雨散、飘然何处？

——〔宋〕苏轼《鹊桥仙·七夕》

最后一种常见的场景就是宴席之上的歌女乞词。放到现在，这种情况是肯定不会发生的了，但是在宋朝时候，有歌女唱词陪酒是非常普遍的现象。

宋人宴集，无不歌以侑觞；然大率徒歌而不舞。其歌

亦以一阕为率。

——〔清末民初〕王国维《宋元戏曲史·宋之乐曲》

有当红的头牌坐在一边，如果当场向这些文人乞词，非但不是什么难事，而且是给足了这些文人面子，有美人青睐，到哪里都是值得吹嘘的事情。

元祐末年，苏轼在定州与宾客宴饮的时候，席上有一位歌女想请苏轼即兴按照音律写一首词，来验证一下苏轼的文学水平是

不是有别人传说的那么高，没想到苏轼当场就答应下来了。歌女一边唱，苏轼一边写，最后就留下了《戚氏》这首词，比起其他词人绞尽脑汁才能写出来的作品，苏轼真的做到了张口就来。

苏轼被贬黄州，当时的黄州太守徐君猷养了许多歌妓，这些歌妓个个能歌善舞。当苏轼和徐君猷坐在一起吃饭的时候，苏轼也曾经为其中的四位歌妓妩卿、胜之、庆姬、懿懿分别写了一首词，比如称赞妩卿体态轻盈，脸嫩敷红。

娇多媚嗛。体柳轻盈千万态。殢主尤宾。敛黛含颦喜又嗔。

徐君乐饮。笑谑从伊情意恁。脸嫩敷红，花倚朱阑里住风。

——〔宋〕苏轼《减字木兰花（赠徐君猷三侍人妩卿）》

类似于这种歌女在宴席之上向文人乞词的故事不在少数，在日常阅读中，只要看到词牌名后面注明了是赠给某位侍人，基本就是向歌女赠词了。

饮酒和作词作为宋朝文人的两大主要爱好，前者可以通过酒精的作用让人减轻心理负担，暂时忘却工作或者生活中的种种不满意，后者则可以把心中焦虑、愉悦或忧愁的各种情绪抒发出来，两者的内容常常有相通之处，这才给了宋词不一样的创作场景和意境。

饮茶
喝个茶还要比赛，宋朝人的好胜心也太强了

"茶兴于唐，而盛于宋。"如果说唐朝的领土有三分之一都种植了茶树，开创了茶文化在中国历史上浓墨重彩的一笔，那么真正把茶文化发扬光大的就是宋朝了。

在宋朝的时候，茶已经成为风靡全国的国饮，追求精细生活的宋人，更是将这一片叶子发展到了登峰造极的程度，茶在宋朝老百姓生活中就已经成了像粮食和盐一样不可离开的必备品。

> 夫茶之为民用，等于米盐，不可一日以无。
>
> ——〔宋〕王安石《临川文集》

其中士大夫们更是把制茶玩得花样百出，雅趣非常。从步骤繁杂的团茶，到别出心裁的点茶，再到出神入化的分茶，饮茶在宋朝的士大夫手里玩出了新花样、新高度。连宋徽宗自己都说，随着自己领导有方，官宦、富商和平民都能享受朝廷恩泽，社会上盛行饮茶、品茗风气，茶叶采摘、制作工艺、烹水点茶的技艺越发高妙，达到了空前境地。

> 缙绅之士，韦布之流，沐浴膏泽，熏陶德化，咸以雅尚相推，从事茗饮。故近岁以来，采择之精，制作之工，品第之胜，烹点之妙，莫不咸造其极。
>
> ——〔宋〕宋徽宗《大观茶论》

那么简单来看一下宋朝流行的点茶、斗茶这些把戏都是怎么玩的吧。

比咖啡拉花早几百年，士大夫在茶上绘图

唐朝跟宋朝饮茶的方法有点区别。唐朝采用煎茶法，宋朝采用点茶法，两者的共同点是都把一个大茶饼碾碎后喝，而宋人在唐人在把茶末丢进滚水后煮沸的基础上又有所革新。

具体来说，宋朝人要先用纸将包好的饼茶锤碎，然后将锤碎的茶放于茶碾之上碾成粉末，再将粉末用茶罗过筛，最后把茶末放在茶盏中调匀后喝。日本的抹茶，即是借鉴宋朝点茶发展而来。

在此过程中，茶的口味并不会因此发生太多变化，但是做茶的趣味性提高了很多，甚至衍生出来了很多种游戏。

宋朝做茶的画面往往是这样的：两个士大夫对坐在桌前，桌前放着两盏茶末和一顶水注。一人举起水注，用里面装着的热水把盏中投放的茶末浸润、调膏，完成后再注少量热水，用竹笼调匀后，再注水、击拂，这样下来五六次，盏内出现一层白乳，如结浚霭，如结凝雪，此便是点茶。

宋朝上上下下都对点茶有着浓浓的兴趣，尤其是士大夫和皇家这些人群，宋徽宗便是其中的大神，点茶很有一手。《延福宫曲宴记》中记述了宋徽宗亲自给大臣们点茶的场景。宋徽宗在汴京延福宫与群臣宴饮取乐，酒宴进行到一半，宋徽宗起了兴致，令近旁的使者取来茶具，亲自注水、击拂，慢慢地搅匀后，茶碗中浮起乳白色的汤花沫，就像几颗疏星伴着清月，悬挂在天空上。

上命近侍取茶具，亲手注汤击拂，少顷，白乳浮盏面，

如疏星淡月。

——〔宋〕蔡京《延福宫曲宴记》

宋朝的点茶高手们都有自己的绝活儿，可把茶汤幻化成鸟兽鱼虫等世间百类漂亮的纹理来，具有极高的观赏性。其中不少人，比如陆游、杨万里都是此中好手。

北窗高卧鼾如雷，谁遣香茶挽梦回？

绿地毫瓯雪花乳，不妨也道入闽来。

——〔宋〕陆游《试茶》

分茶何似煎茶好，煎茶不似分茶巧。

蒸水老禅弄泉手，隆兴元春新玉爪。

二者相遭兔瓯面，怪怪奇奇真善幻。

纷如擘絮行太空，影落寒江能万变。

——〔宋〕杨万里《澹庵坐上观显上人分茶》

现在的人学西方人的咖啡拉花，殊不知咱们的老祖宗早早就创造出来在饮品上"拉花"的玩法了，茶花消散的过程千变万化，甚至还会形成意想不到的图案。

画重点，斗茶的考点都在这里了

宋人不但会点茶，还进行了点茶趣味竞赛，即"斗茶"。既然是比赛，总得有个评判的标准，宋人怎么评判谁在斗茶中取得胜利呢？

色：茶色贵白……黄白者受水昏重，青白者受水详明，故建安人开试，以青白胜黄白。

点茶：茶少汤多则云脚散，汤少茶多则粥面聚……其面色鲜白，著盏无水痕为绝佳。

——〔宋〕蔡襄《茶录》

色，点茶之色，以纯白为上真，青白为次，灰白次之，黄白又次之。……乳雾汹涌，溢盏而起，周回旋而不动，谓之咬盏。

——〔宋〕宋徽宗《大观茶论》

上面这两位是当时响当当的赏茶大师，从他们的文字中可以

看出，宋朝的斗茶主要是靠以下两点：

一是汤色，最佳的便是纯白，青白、灰白、黄白则依次差一个等级。泡沫尽可能停留得越久越好，呈乳雾汹涌之势最佳。

二是汤花。即指汤面泛起的泡沫。汤花的色泽标准与汤色的标准是一样的，最好的是"粥面"，就像它的名字一样，茶的表面色泽鲜白，莹然温润，像白粥一样。次一等的是"云脚散"，泡沫如云烟一般早早散开，这是加水过多的缘故。

在汤花泛起后，还要再看水痕出现的早晚，早者为负，晚者为胜。从理论上讲，如果茶末研碾细腻，点汤、击拂恰到好处，汤花足够匀细的话，就可以紧咬盏沿，久聚不散。这种效果名为"咬盏"。反之，汤花泛起，不能咬盏，会很快散开。汤花一散，汤与盏相接的地方就露出水痕。

若想在一场斗茶高手荟萃的比赛中取得胜利，难度可真不小，先得保证茶的汤色够白，还得让茶的泡沫停留得更久且紧贴茶盏。不过，正是在这种对极致的追逐中，宋朝的点茶技艺日渐高超。

小小的器皿，大大的学问

宋朝人煎水用的容器与前人不同，他们用水瓶之类的容器取代了大口的鍑，材质方面也有不同的要求。瓶口要圆小而峻削，倒茶水的时候才能掌握好节奏，而不至于淅淅沥沥。

皇室及达官显贵常用的茶具自然是黄金、白银制品，对于普通百姓而言，瓷质汤瓶多为首选。

苏轼、杨万里这些大大小小当过官的，在玩茶的时候也都用的是银瓶，虽然比不上皇室用的黄金器皿，但比起平民百姓用的瓷器或者陶器，已经很高级了。

> 银瓶首下仍尻高，注汤作字势嫖姚。
>
> 不须更师屋漏法，只问此瓶当响答。
>
> ——〔宋〕杨万里《澹庵坐上观显上人分茶》
>
> 银瓶泻汤夸第二，未识古人煎水意。
>
> ——〔宋〕苏轼《试院煎茶》

普通百姓点茶斗茶多用瓷器。当时的瓷器已经出现了五大名窑——钧窑、汝窑、定窑、官窑、哥窑。而斗茶所用茶具为黑瓷茶具，却不属于五大名窑。黑瓷主要产于福建、江西、浙江、四川等地，其中最为人津津乐道的是福建的建窑盏。建窑烧的黑瓷，颜色纯正，这种瓷器的坯胎偏厚，是因为点茶的时候，胎厚利于保温，则水痕出现得迟，就比薄胎的盏易于取胜。

宋朝的茶器跟现在用的茶杯也不太一样，他们喜爱用盏盛茶，比现在的茶杯更细长挺拔，也符合宋代的审美意趣。小小的茶具中有着这么大的讲究，宋朝人在喝茶上可真是花了不少心思。

茶馆一蹲，茶水管够，舒服

宋朝的茶馆文化发展得非常快，推究原因还是由于宋朝的市民文化蓬勃发展之缘故。北宋东京和南宋临安大街小巷的茶馆数量都不在少数。

这些茶馆全天开放营业，是宋朝市井文化的重要组成部分。几张长桌，几条板凳，几个人围坐在一起，桌上放着黑色的瓷盏中，茶盏中装着茶水，茶水上冒着热气，是这时茶馆常见的景象。到了南宋，茶馆的装潢更加精致，插花挂画，安放奇花异草，为市民提供一个舒适雅致的环境。

很多士大夫常常来这些小茶馆喝茶聊天，他们还是用点茶的方式喝茶。这里茶水管够，爱喝茶的人常常来这里小坐，慢慢品上一盏茶，悠闲地消磨时光。对于一部分人来说，茶馆在喝茶之外更是社交的场所，他们在茶馆中聊天、应酬。茶的幽香也能让人的心情更加平静，以更平和从容的态度与人交流。其中王妈妈家茶肆、大街车儿茶肆、蒋检阅茶肆都是士大夫经常去的场所。

茶馆老板为了揽客，在众多茶馆的竞争中吸引到更多的客源，获取更大的市场，也积极开拓娱乐项目，请来了说书人说书和歌女表演节目，人们在茶馆中可以一边喝茶，一边看节目或者听书。哪怕没那么喜欢喝茶，也多少会有冲动进来坐坐，歇上半天。换作现在，大家可以去茶馆里谈生意聊项目，没准儿带几本书去学习也可以呢。

宋朝的茶文化非常有意思，既不乏雅人雅事，又充斥着浓浓的市井味道。点茶之雅和茶馆之俗竟如此熨帖地融合到一起，如果真的可以回到宋朝喝一杯美美的茶饮，那真是赚到了。

第八章

宋朝引领民俗潮流

在外听领导的，在内听族长的，
谁家心里都有谱

在各个朝代的发展历程中，都会根据血缘、地缘、姻缘等关系发展出来各种社会组织，现代主要表现为同乡会、同业协会或大家族，而宋朝因为前几十年都在打仗，之前隋唐时期的名门士族在漫长的战争动乱中基本消弭于无形，以血缘关系为基础所建立起来的家族关系已经无法对社会走向形成影响。在此背景下，封建士大夫和官僚地主为主要代表的氏族关系开始浮出水面，皇帝可以借助这种氏族关系巩固统治，普通百姓也可以找到一个组织关照自己，在自身权益被侵犯的时候，能有个靠山帮自己出面解决，这就形成了具备宋朝特色的家族关系。

族长也不好当，能力越大，责任越大

隋唐时期的大家族多是秉承了嫡长子为一家之主的原则，这就容易出现不可控的情况，如果碰到一任天纵英才的族长，会带领家族走向兴旺，而万一不走运是一个败家子当了族长，也很可能很快就把一个家族带向灭亡。所以宋朝选族长的时候主要看个人能力，能力越大，责任越大，可以妥善管理整个家族的人是族长的首选。

族长虽然有一定的权力，可以管理分配家族财产，对家族成员进行奖惩，并在各种祭祀大典上露脸，但也承担着相应的义务，比如需要对外维护家族的尊严，协助官府管理族内人员，保证这些人不出乱子，这些都是族长的日常工作。

族规：没有规矩，不成方圆

族规是很多电视剧中都会出现的字眼，大多以规范族人日常的行为，保证族人之间关系融洽协调，繁荣家族为原则，对于所有族员都具有约束力。比如南宋就有陆贺"采先儒之礼"的家规，然后陆九韶、陆九龄、陆九渊三兄弟的哥哥陆九思又写了《家问》，陆九韶又写了一篇《家制》，主张"居家必先正本"，最后形成"大纲四篇，小纪十八条"的陆氏族规，在族规的约束下，陆家一直数代同堂，合灶吃饭，不分土地财产，对于吃穿出行有着明确的流程规定。

在族长的选举上，陆氏家族是按照年龄为标准进行选举的，年纪最大的可以当族长，然后族长又会选人来安排田畴、租税、出纳、厨炊、宾客等日常事务。公家的田地只负责一年的伙食，除此之外，蔬菜、肉之类的由各家自己供给，每天早上的时候统一上交稻米，由后厨统一做熟了再分配给各家。有外来宾客到访时，先由主管宾客的族员会见，然后引其见族长，再宴请宾客。

从族规来看，当时宋朝的一些大家族已经建立了相当成熟的族内规矩，在族长的统一安排下进行饮食、会客、学习、奖惩等方面的日常事务，有助于发挥规模化经济的优势，让族内之人各自发挥自己的所长。

族产：范仲淹给后世做了个模范带头人

既然是一个大家族，自然要有自己的一亩三分地来维持家族事务的正常运转，包括购置田地、丰富储蓄、建立基础设施等，在宋朝的时候，建立一个小规模的家族并不需要钱庄、驿站这些基础设置，大部分只是以土地的形式出现的，集中表现为范仲淹发起的"义庄"。

范仲淹能文能武，在文学和军事两个领域都取得了超乎常人的成就，他在 61 岁时兴建的义庄甚至在之后绵延达八九百年，足以见得作为一名奇才所拥有的智慧，即使站在现代人的角度，也极少会出现创办一种业务模式可以绵延几百年的情况。社会节奏不断加快让业务形态的更新迭代也变得飞快，可能前几年还在宣传的长租公寓，转眼之间就土崩瓦解了。

> 好施予，置义庄里中，以赡族人。
>
> ——〔元〕脱脱等《宋史·范仲淹传》

皇祐元年（1049），范仲淹调任知杭州，在此之前因为庆历新政等挫折，他的子弟都以为范仲淹打算隐退山林了，所以私下里商议为范仲淹购置田产，以供其安享晚年，但范仲淹知道子弟的心意之后，严词拒绝，并在随后出资购买良田千亩，找来职业经理人进行经营，成立范氏义庄。

切念臣父仲淹，先任资政殿学士日，于苏州吴、长两县置田十余顷。其所得租米，自远祖而下诸房宗族，计其口数，供给衣食及婚嫁丧葬之用，谓之义庄。

——范仲淹等《义庄规矩》

根据范仲淹亲自订立的《义庄规矩》十三条所载，义庄赡济的内容包括口粮、衣料、嫁娶费用、丧葬费、科举费，此外还有义学、房屋借居、借贷等。这些几乎涵盖了族人在现实生活中的所有问题。赡济的对象是居住于本乡的族人，不分贫富，一视同仁。主要包括以下内容：

1．领取口粮

凡是范氏族人，每天可以从义庄领 1 升白米的口粮，而且要保证是白米，如果是糙米，则可以在白米的基础上加领二成，只要是 5 岁以上的族人都可以按照这个标准领取口粮。

家中的仆人如果已经有了儿女，而且在范家服役已满 15 年，年龄到了 50 岁的，也可以按口领米。

子弟中如有外出做官的，不能领口粮，但如丁忧、候选在家，或者在边疆做官而将家属留在乡里的，照常支领口粮。

2．领衣料

每年冬天，一人领绢 1 匹，5 到 10 岁的儿童领半匹。

3．领婚姻费

凡嫁女的领钱 30 贯，这个女子若第二次出嫁，再领 20 贯。

凡娶媳妇的领钱20贯，但如果是第二次娶亲就不能再领了。这项规定还是很有趣的，20贯免费支取的钱，可能真的可以让一些人更加重视婚姻中自身的角色。

4．领丧葬费

婚嫁有钱可以拿，族人去世之后一样可以有钱拿，按其辈分，可以分别领取安葬费，尊长丧支领25贯，次长丧15贯，19岁以下卑幼丧7贯，15岁以下3贯、11岁以下2贯，7岁以下及奴婢均不能领取。

5．领科举费

领取科举费是范仲淹重视教育的一个举措，前已有述。

6．借住义庄房屋

上面的一些举措主要集中在食物和开销上，除此之外，义庄还设有义宅，可以供没有房子的族人借居，如果房舍需要修理，恰好又赶上手头不宽裕，还可以从义庄领钱修葺。但如果本人有余力，想在义宅地内建造房屋，义庄也不做约束，相当于义庄给族人提供土地，有钱的族人可以在义庄拨出来的土地上建造房屋。

7．借贷

最后一项是关于族人借贷的福利，范仲淹的义庄基本实现了无息贷款。在族人急用钱的时候，可向义庄告贷，但不得经常借，且要到时偿还。但万一违约了，也不会对借贷人进行什么惩罚，不会拿他的房子作抵押，也不会扣他的月米，保证他的基本生活不受影响。

义庄不仅有以上的福利待遇，对于违反规章制度的族人也会有相应的惩罚，比如出现冒领月米的现象，就不会分发口粮，而且允许扭送官府进行审理。

按照《义庄规矩》，在不发生战乱和自然灾害的前提下，范氏义庄基本生活需要的口粮、衣服、住房可以按照比例无偿获得，初步实现了耕者有其田的愿景。在有丧葬婚嫁的特殊情况时，也可以从义庄的拨款中得到，不会出现因病致贫等情况。如果想在基本生活水平的基础上再满足一下自己日益增长的物质生活和精神生活需求，那就需要自己好好打工了。义庄本身的出发点并不是实现共同富裕，而是共同温饱，可以让族人不为柴米油盐发愁，在农业社会可以有碗饱饭吃。

范氏义庄为当时的名门望族树立了良好的典范，同朝的很多官员也纷纷效仿，以"义田""公堂田"的名义置办族产。

还有以众筹形式发起族产的官员，比如汪大猷在庆元府鄞县（今浙江宁波）率先捐田 20 亩，作为本族的义庄，族众"皆欣劝，竟劝至 300 亩，又得郡中益以绝产二顷，置地立庄于城西门之阿亲"。做义庄这种事情，还得靠各种有名望的大佬来发起，大佬先捐 20 亩，最后竟然可以发动群众捐献达到 300 亩的规模。

这么多的族产自然就是集体财产了，任何人不得对族产进行典卖、转让或馈赠。在族产的基础上产生的收益主要用于资助族人和族内基建，可以说族产是整个家族得以持续发展的根本。

族谱：大数据基础上的用户体系

现代社会的普通人已经很少重视族谱或者家谱了，由于城市化进程的加快，以往传统家族聚居的方式已经不复存在，人口流动的加快让家族的成员散布于全国各地，大家一年到头很少有可以见面的机会。大部分人都不会记得自己家谱三代以前的先辈，甚至亲兄弟姐妹的第三代之间也和陌路人差不多，所以族谱和家谱在现代社会存在感越来越低。

但是在封建社会，族谱作为凝聚一个家族血缘关系的凭证，入了族谱才能算作一个大家族的族员，这就大大增强了族谱的权威性和家族的凝聚力，所以当时的名人都会把修族谱作为一件很重要的事情来做。

比如苏洵，他认为三辈以上的先辈就已经不为后人所知道了，等到自己去世之后，后人也会慢慢忘了自己，所以家家修一本家谱或者族谱才是最靠谱的，每个人修谱的时候都要把自己高祖一辈的信息记录下来，这样一代一代传下去，就不会断绝了。这个族谱的修订对于族人的身份没有什么限制，只要有血缘关系，都会被收到族谱之中。在劳动力缺乏的封建社会，这种修谱的方式可以在一定程度上壮大家族力量，帮助一个家族在风云变幻中生存下来。

按照苏洵制定家谱的办法，宋朝的家谱已经基本实现了用户体系的大数据统计，作为族谱的主体，世系表需要详细记载族中男子的名讳、字号、生卒年月、坟茔、配偶及子女名等，单单是每个族人的基础信息便已经让修家谱的人头疼了，再加上祠堂、祖茔、墓志铭、买地契等详细信息，如此之多的数据确实是个不容易的差事。现代已经出现了专门的家谱管理公司，负责记录家谱、族谱的业务，而在宋朝的时候，只能靠代代相传。从宋朝开始，一直到明朝，修谱一直是一个大家族凝聚力的象征。

家族制度是宋朝民间社会组织中一个独具特色的制度，如果以一个企业公司的架构来打比方，在一个宋朝家族中，族长作为董事长，以族规作为公司规章制度，在固定资产和流动现金的基础上，建立起了员工花名册，为这些员工提供五险一金的基本生活保障，同时发动大家把家族做强做大，争取做成一个百年企业。

过年	好吃不如饺子，好玩不如二踢脚， 年味不靠春晚撑着

跟现代人过年放假的时间一样，宋朝人在过年期间也是放七天假，在没有高铁、飞机的年代里，宋朝的老祖宗们是怎么打发时间的呢？

过年怎么能少得了饺子

饮食方面，宋代跟现在的北方一样，也流行过年吃饺子，只不过那时候称饺子为"角儿"，而且要连汤一起吃，可能也是原汤化原食的养生方法，同时也寄托了人们对来年的美好愿望。

除了吃饺子，宋朝人在过年的时候还要"咬春"，这是从唐朝就流传下来的过年习俗，用春饼夹上各种蔬菜来食用，也是寄托了老祖宗对来年风调雨顺的美好希冀。

保温杯里泡枸杞，养生酒里放蜀椒

比起现在年轻人讲究保温杯里泡枸杞的养生方法，宋朝的人过年更喜欢喝屠苏酒。据说屠苏酒是汉末名医华佗创制的，由大黄、白术、桂枝、蜀椒等中药入酒浸制而成。

为什么过年的时候要喝屠苏酒？按照当时人的说法，屠苏酒是包括两层含义的："屠"是指"屠绝鬼气"，"苏"是指"苏醒人魂"，喝屠苏酒是为了在新的一年里屠绝鬼气，苏醒人魂，祈祷身体健康。饮屠苏酒、放爆竹、贴桃符，这一整套流程是宋朝人们在过年期间必须要做的事。

屠苏酒最早出现在晋代葛洪所著的《肘后备急方》中，也正是这本书为华佗发明屠苏酒做了背书，书中记载了屠苏酒的配方，而且说魏武帝曹操对此方进行了验证。

> 正朝屠苏酒法，令人不病瘟疫。
>
> 大黄五分，川椒五分，术、桂各三分，桔梗四分，乌头一分，袚襫二分，七物细切，以绢囊贮之，十二月晦日正中时，悬置井中至泥，正晓拜庆前出之，正旦取药置酒中，屠苏饮之。于东向药置井中，能迎岁，可世无此病。此华佗法，武帝有方验中。从小至大，少随所堪，一人饮，一家无患，饮药三朝。
>
> ——〔晋〕葛洪《肘后备急方》

华佗之后，后世的中医们又对屠苏酒的配方进行了不同的改进，多含肉桂、花椒、桔梗、大黄、制川乌等中药材。

比如唐朝孙思邈《备急千金要方》中的屠苏酒原料里包括大黄、蜀椒、桔梗、桂心、白术、乌头、菝葜七种中药材，而到了明朝李时珍《本草纲目》中的屠苏酒，其中的原料就变成了赤木桂心、防风、菝葜、蜀椒、桔梗、大黄、乌头、赤小豆这八种中药材。可见随着时期、地域、环境、使用人的不同，屠苏酒的配方也不是固定不变的，而是根据当时的需求进行调整。

但其中也有不变的几味中草药，比如大黄、蜀椒等，换作现代人，是无论如何也不会把它们泡在酒里的，尤其是一些对椒类植物气味比较敏感的人，一口药酒下肚，还真是良药苦口又辣口。

制作屠苏酒的流程也很有古代人独特的讲究，把这些中药材收集了之后，再将所有药材破碎，装袋后沉到井中浸泡，让药材充分吸收水分，降低其中一些药材的毒性和刺激性，同时可以促进有效成分的浸出，单是这一点就可能导致屠苏酒失传了，毕竟现在家家户户都用自来水，很少有人会为了制作屠苏酒而专门挖口井出来。

但在宋朝的时候，一般要在大年三十把这些中药材沉到井底，正月初一再把药取出，放到酒中煮沸之后，在东向的房屋中饮服。孙思邈在《备急千金要方》中说："一人饮一家无疫，一家饮一里无疫。"这个药效听起来就有点夸张了，可能更多时候还是人们对于健康体魄的一种向往。

在饮药酒三天之后，还需要将药渣再放置井中，以后还可以接着喝。

一般来说，现代人饮酒是从年长者饮起的，但是屠苏酒正好相反，是从最年少的人饮起，这也是宋朝春节盛行的习俗，早上起来之后，要先点炮仗，然后长幼都要穿好衣服，戴好帽子，去向长辈们拜年，饮屠苏酒，喝桃汤。反而是年纪大了的老人往往自嘲每年最后才能喝到屠苏酒。

年年最后饮屠酥，不觉年来七十余。

——〔宋〕苏辙《除日》

让人稍微有些遗憾的是，曾经老祖宗们春节饮屠苏酒的习俗现在只有在亳州、南京等少数地区还遵循，其他地区可能连屠苏酒为何物都不知道了，但在日本依然流行着新年第一天饮屠苏酒的习俗。屠苏酒在唐朝的时候流传到日本，至今已有上千年的历史，日本的《医心方》等医书中都有记载。

日本人制作屠苏酒的配方跟宋朝时候也大同小异，花椒、桔梗、大黄这些主料是少不了的，除此之外，还有陈皮、白术、肉桂、细辛、防风等中药材，也算是中国悠久历史文化的一个证明吧。

二踢脚：儿童版的火箭技术

火药技术的进步使得宋朝宫廷和民间都已经普遍开始用纸包火药做成爆竹，尤其是在春节时候，从除夕夜开始，鞭炮声几乎都不会停下来，可苦了宋朝的小狗们，这一晚上被吓得夹起尾巴四处逃窜。

宋朝的爆竹品种在当时迎来了一个发展的高峰期，不仅有常见的单响、双响、连响，还有飞上天空才爆响的二踢脚，相信很多人小时候都曾见识过二踢脚的威力，这种蕴含了现代火箭基本原理的爆竹，在当时是很多儿童的心头好。

除了二踢脚，当时还有其他一些好玩有趣的烟花爆竹，比如有一种叫地老鼠的烟花，点燃之后会到处乱窜。据周密《齐东野语》中载，在上元节时皇帝宴请太后，一个地老鼠竟然钻到了太后的座椅下面，太后大为惊恐，站起来甩甩衣袖就走了。能把皇太后都吓着的爆竹，宋朝的地老鼠算是头一份了。

这也从侧面反映出来当时的皇室是支持这种大规模的烟火活动以渲染节日氛围的，在过年这一天，宫廷深墙内会一直有燃放爆竹的声音，宫外的人们都可以听得到。一直到很晚的时候才会停歇。

　　是夜，禁中爆竹山呼，闻声于外。

　　　　　　　　　　　——〔宋〕孟元老《东京梦华录》

在这一天，小孩子也不用很早就睡觉，而是可以整夜玩游戏，名曰"守岁"，这一点跟现代倒是保持了高度一致。宋朝的小孩在玩罢游戏之后，会在床下点一盏灯，叫作"照虚耗"。

除吃饺子、放鞭炮之外，贴对联、窗花等习俗，宋朝人也都有自己的一套讲究。对联是在五代后蜀孟昶的时候诞生的，到了宋代随着人们对美好生活的向往继而发展起来，如同现在一样，过年家家户户都会张贴春联。而窗花也在这个时期发展出了专门的手艺人，毕竟这门手艺活儿不是随便一个人都能做得出来的，有的会做纸画儿，有的会做屋头挂屏，有的会剪镞花样，这些手艺人又为当时的年味增加了一些色彩。

吃完了饭，放完了

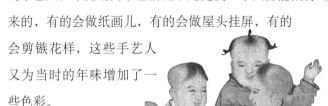

爆竹，小孩子们在家里玩耍，大人们就可以出去稍微消遣一下了，当时也没有酒吧、网吧和茶吧这些地方。只能在忙完家中的事情之后，去瓦舍看看艺人的表演放松一下。前文中已经提到瓦舍的服务内容，在过年期间，瓦舍工作人员也不放假，依然坚持在工作岗位上，让辛苦了一年的人们可以有个地方好好玩玩。

不以风雨寒暑，诸棚看人，日日如是。

——〔宋〕孟元老《东京梦华录》

这么看来，宋朝人过年其实还是很有趣的，各种公开的娱乐活动比较丰富，比起现在来更加有年味儿。

元宵节 | 一袭白衣一点都不丧，反而最时尚

辛弃疾作为宋朝时期著名的爱国诗人，写词的风格沉雄豪迈，留下了许多饱含强烈的爱国主义思想和战斗精神的诗词，但他那首著名的《青玉案·元夕》描绘的既不是壮志未酬，也不是身先士卒，而是元宵之夜的繁华景象。

东风夜放花千树，更吹落，星如雨。宝马雕车香满路。

凤箫声动，玉壶光转，一夜鱼龙舞。

蛾儿雪柳黄金缕，笑语盈盈暗香去。众里寻他千百度，

蓦然回首，那人却在，灯火阑珊处。

——〔宋〕辛弃疾《青玉案·元夕》

在这首《青玉案》中，辛弃疾以"花千树"来形容花灯之多，以"鱼龙舞"来形容街市之热闹，笑语盈盈的女子在人群中走过，让人不由得对宋朝的元宵节心向往之。但是问题来了，蛾儿、雪柳、黄金缕皆是古代妇女元宵节时头上佩戴的各种装饰品，什么样的衣服才配得上这么名贵的装饰品呢？

那就要从元宵节的各种习俗说起了。

赏灯乃元宵节第一盛事

相比唐朝，宋朝元宵节的观灯时间延长了两天，从正月十四开始至正月十八结束，算是一个小长假了。

元宵节作为全国性的重大节日，每年冬至刚到，宋人就要开始准备当年的元宵节灯展了，像在皇宫南侧搭建舞台、在御街两旁安放栏杆、协助各地民间艺人进京排练等事情，都需要提前进行准备，至于采购各种花灯的事情，也需要朝廷提前留出预算。

元宵节中展览的灯品非常多，其中又以苏灯最为华丽，直径1米左右的五色琉璃上面画满了山水、人物和各种动物，栩栩如生；还有福州进贡的白玉灯和新安进贡的无骨灯；皇宫也做了约15米高的琉璃灯山，里面的人物都是有机关可以活动的；皇宫还在殿堂窗户和栋梁上面画上了各种小故事和龙凤呈祥的画面，美艳不可方物。

在整个元宵节期间，不仅是普通百姓会去街上观赏灯会，皇帝也会抽出时间来与民同乐。

据周密的《武林旧事·元夕》载，皇帝会乘坐小辇来宣德门一起看鳌山。所谓鳌山，指的就是元宵节用彩灯堆叠成的山，如同巨鳌的形状，可见当时场上放了多少花灯了。抬辇的人还要专门倒着走，以方便皇帝观赏。在这一天晚上，数千种花灯要在中间簇成"皇帝万岁"四个大字，至于在下面看灯的臣民，看到天子与民同乐的这一幕，当然会山呼万岁了。

在《东京梦华录》卷六中同样也记载了皇帝乘辇来宣德门观灯的景象，其中对于皇帝御座彩棚的描写更加具体，还写到了彩棚里面后宫妃子的嬉笑之声。露台两边的禁卫更是全副武装，生怕在这节骨眼儿上犯了什么错误，像电视剧《长安十二时辰》里不法分子对皇帝的最后一击就是趁皇帝周围的守卫不森严才几乎得逞，宋朝的士兵可不会犯这种低级错误，在皇帝观灯的露台两侧都站满了侍卫，一身制服正装，手里拿着骨朵子，有犯上作乱的就是一骨朵，那可不是开玩笑的。有了这样的安保制度，皇帝才能放心地与民同乐。

除了观灯，还有其他小玩意儿

伴随着赏灯活动的进行，元宵节也少不了来自各地的文艺会演，不仅仅是语言类的节目，比如杂剧、五代史等，还有各种稀奇古怪的猎奇玩意儿也吸引了很多观众，其中就有"倒吃冷淘"的赵野人，"吞铁剑"的张九哥，吐五色水、旋烧泥丸子的"小健儿"，弄虫蚁的刘百禽等。

拿"吞剑"来说，这已经是中国民间流传甚广的一种杂技，很多跑江湖的艺人都是靠这一类绝活挣钱的，而且作为元宵节在

皇上眼皮底下表演的节目，在吞剑表演时用的是真剑，只不过没有那么锋利，体积也没有那么大，艺人们需要抑制消化系统的呕吐反射，才能把这项工作完整地做完。

若再觉得不过瘾，元宵节当天还有猴呈百戏、鱼跳刀门、使唤蜂蝶、追呼蝼蚁等新鲜的把戏。可以说，在皇帝的号召之下，天下几乎所有的高手都齐聚元宵节，争相献艺，表演内容之丰富超乎一般人的想象。

如果可以穿越回北宋的元宵节，上万人从四面八方一起聚集在开封府，流连于各种音乐和灯展的瓦舍之内，眼前是看不完的把戏，耳边是人声鼎沸的热闹，一定会被这种盛世的氛围所感染。虽然后来宋朝经常因为打仗求和被轻视，但从元宵节的盛况来看，至少是一副盛世太平的样子。

穿上心爱的白衣裳，出门买买买

在元宵节这么隆重的场合，出门的时候当然要注意一下衣着打扮，万一在路上偶遇心仪的小姐姐、小哥哥，穿的不上档次，都不好意思跟人打招呼。

女同志们在这一天的主色调不是红色，也不是其他艳丽的颜色，而是一抹无瑕的白色，可能现代人觉得一身白衣不够喜庆，但在宋朝的时候，这就是元宵节最流行的颜色。

除了一身白衣，女性头上还要戴上珠翠、闹蛾、玉梅、雪柳等饰物，如同辛弃疾在《青玉案·元夕》里写的那样，身着貂蝉袖，手提灯笼，出门跟随人流的走向尽情地观灯看景。

至于市场上卖的吃的就更多了，乳糖圆子、豉汤、水晶脍、韭饼等食物一直到现在还是人们在小吃街上经常可以看到的美食，也就是汤圆、豆豉汤、皮冻和韭菜盒子等食物，宋朝的人能享受到这样的口福，也可以从侧面反映出中国的美食文化真的是源远流长、传承至今，在那个年代就能琢磨出来皮冻的做法。

市场上的这些食物也不单单是卖给普通老百姓的，也有等着待价而沽卖给皇亲国戚的，从宣和年间开始，皇帝在宣德楼赏灯的时候，就会有很多的小商贩在晨晖门外专门做小买卖的地方摆上鹌鹑骨饳儿、圆子、半拍、白肠、水晶脍、旋炒栗子、银杏等吃食的摊位，随时等着皇帝传唤。在当时确实是一幅皇帝与百姓同乐的画面，皇帝派人来摊位上买零食，说出去都是好几辈子光宗耀祖的事情，元宵节第二天就可以在摊位上用大字挂上横幅——"皇帝舌尖上的美食"。

这种皇家来小商贩这儿采购的习俗一直沿袭到了南宋。元宵节期间，皇帝会下旨宣召歌舞团和小商贩，妃嫔内人在这个时候都会争先恐后地购买，很多时候都是以平日价格的数倍买下的，而且出手特别大方，一点都不犹豫，有很多小商贩靠这门营生一夜暴富。

> 既而取旨，宣唤市井舞队及市食盘架。先是，京尹预择华洁及善歌叫者谨伺于外，至是歌呼竞入。既经进御，妃嫔内人而下，亦争买之，皆数倍得直，金珠磊落，有一夕而至富者。
>
> ——〔宋〕周密《武林旧事》

宋代在元宵节上投入的这些人力物力，除百姓已经基本过上了安居乐业的生活外，也少不了宋朝统治阶级的倡导与鼓励，通过宣扬天下太平的节日氛围，在一定程度上可以让臣民更加安心地投入到生产工作中，同时也可以将元宵节作为一种固定的艺术形式，进行不断的创新发展。

端午节 ｜ 开启
南北粽子的甜咸之争

就南北方习俗的问题，网上每年都要爆发几次没有硝烟的"战争"。严冬的时候有的南方人就会抱怨没有暖气，靠羽绒服无法抵挡寒冰的"魔法攻击"。关于北方有暖气，南方没有暖气的讨论还没有结束，关于春节该不该吃饺子又提上了"会议议程"，对于北方人而言，春节肯定要吃饺子的，对于南方人而言，春节好吃的东西实在是太多了。

在这数不清的口水战中，一直有两股势力纠缠其中，左右着战局的走向，一方是"甜党"，一方是"咸党"，他们在错综复杂的"战争"中扑朔迷离，有的时候甚至不知道他们究竟代表了哪一方的利益。

比如在豆腐脑之战中，"甜党"站在了南方一面，对于咸豆腐脑务必"杀之而后绝"，而等到粽子之战和月饼之战的时候，战况反过来了，北方全员站"甜党"一边，而南方则守着肉粽子和各种火腿月饼、咸蛋黄月饼。

至于端午节为什么会因为粽子的口味"划江而治"，这还得从宋朝说起。

端午祭祀的可不止屈原一位

现代人都知道端午祭祀的是爱国主义诗人屈原，但是在宋代的时候，端午节人们祭祀的可不止屈原一个人，还有曹娥、张天师等人。

据《后汉书·列女传》载，曹娥是东汉时期著名的孝女，相传她的父亲曹盱于东汉汉安二年（143）五月五日在舜江迎潮神伍君的活动中不幸掉入江中溺亡，不见尸骸。当时曹娥年仅14岁，昼夜沿江号哭，过了17天，在五月二十二日投江自尽，5日后曹娥的尸体抱父尸浮出水面，就此传为佳话。

宋朝的时候对于曹娥的事迹广为宣扬，宋元祐八年（1093）宋哲宗敕建曹娥正殿；徽宗大观四年（1110）敕封灵孝夫人；政和五年（1115）加封昭顺；淳祐六年（1246）敕封纯懿夫人，又敕封其父为和应侯，其母为庆善夫人。曹娥也被大家称为"孝女"，成为端午节被祭祀的主要人物之一。

> 忠臣谅节今千岁，孝女孤风满四方。
>
> 不复巫阳占郢梦，空余仲御扣河章。
>
> ——〔宋〕苏轼《太皇太后阁六首》

至于张天师，指的就是中国道教创始人张陵，关于他和端午节的联系，民间长期流传："五月五日午，天师骑艾虎。手提菖蒲剑，降魔五万五。"在宋朝的时候，京都的人们除了画张天师的纸像外，还会做泥塑的张天师像，以艾为须，以蒜作拳，置于门上，称"天师艾"。

以艾与百草缚成天师，悬于门额上，或悬虎头白泽。

——〔宋〕吴自牧《梦粱录》

端午节期间，天气也慢慢转热，各种昆虫开始肆意繁殖，古代人所忌讳的五毒之物在这个时候广为泛滥，为了避免蛇、蜈蚣、蝎子、壁虎和蟾蜍等生物带来的疾病，当时的人也会通过草药制药或者佩戴艾草、蒲叶等植物来进行避毒。

祭祀、草药制药和佩戴艾草已经基本成为宋朝人在端午节的例行之事，苏轼和苏辙也多次在诗词中描述这一情况。

九夏清斋奉至尊，消除疬疫去无痕。

太医争献天师艾，瑞雾长萦尧母门。

——〔宋〕苏辙《学士院端午帖子二十七首
皇太妃阁五首》

采秀撷群芳，争储百药良。

太医初荐艾，庶草验蕃昌。

——〔宋〕苏轼《端午帖子词》

端午节简直是吃货的节日

宋朝的粽子有好多种，远远不是现在端午节的粽子品种可以比拟的，并且现在端午节送粽子更多是礼仪方面的讲究，而俊男靓女们出于饮食健康的考虑，已经很少摄入这种碳水化合物含量极高的食品了。

宋朝的粽子从形状来说，有角粽、锥粽、菱粽、秤锤粽、筒粽等，比如筒粽是用竹筒贮米，以楝叶塞在上面用彩丝束起。

从馅料来说，有松栗粽、胡桃粽、姜桂粽、麝香粽等，分别是在粽子里裹入相应的馅料。

从品种来说，有巧粽、香粽、九子粽等，比如九子粽是将九个粽子串成一串，一串中有大有小，大的在上，小的在下，九个形状各异，以九种颜色的丝线绑扎，作为馈赠亲友的礼物。

> 及作糖霜韵果，糖蜜巧粽，极其精巧。

> ——〔宋〕周密《武林旧事》

不管是哪种品类的粽子，宋朝的粽子在制作方法上也大同小异，一般是用茭叶、箬叶、艾叶等植物叶子将糯米、红枣、栗子、柿干等甜品馅料裹起来，然后蒸煮做熟。

除了吃粽子，菖蒲酒也是宋朝人在端午节这一天必须要喝的，把菖蒲丝放入酒中一同饮用，酒中带有淡淡的菖蒲味道，别有一番滋味。

在这一天，皇帝还会专门赐给各位大臣用枭肉制的羹汤，这是从汉朝就流传下来的传统，古人以为枭鸟为恶鸟，所以在端午节这一天吃枭羹，寓有除绝邪恶之意。

除了吃粽子、喝菖蒲酒，端午节也是水果集中上市的时候，桃、杏、林檎、枇杷、杨梅、木瓜等新鲜水果都是应季之物，各种蜜饯蜜果也因此成为人们节假日中打发时间的零嘴儿。

甜咸党，出来战个痛快

关于粽子的甜咸之争，其实并不难解。无论南方还是北方，主食都以咸为主，辅食都以甜为主，这也是人类在长期进化过程中所形成的饮食习惯，正常人每天对氯化钠的需求量为 2200 毫克，主要是从日常的主食中获取。宋朝的时候，我国北方地区的主要农作物是小麦，餐桌以馒头、面条为主食，粽子多以饭后甜点的角色出现，因此北方的粽子多为甜粽子。而南方的主要农作物为水稻，稻米为原来的米饭，粽子当之无愧地成为南方人的主食之一。不仅是端午节，在其他节气粽子也可以作为三餐出现，因此就诞生了包括肉粽、蛋黄粽等在内的诸多咸粽子。

此外，这也与各个地方的饮食偏好有关。比如枣树属于喜温耐旱植物，多在北方生长，我们所熟知的河北金丝枣、山西滩枣都属于北方优良的枣树品种，所以在制作粽子的时候，往往将以枣为代表的各类干果作为馅料。而南方很多地方都有食用腊肉或干制海鲜的习俗，比如湖南、四川等地居民喜欢制作腊肉，广东、福建等地居民喜欢瑶柱、虾米、干贝等食物，他们会将这些食物作为粽子的馅料。

可见，粽子在南北方人民饮食中的不同地位，以及南北方不同的饮食文化，造就了粽子"北甜南咸"的状况。

不管南方还是北方，粽子都是端午节不可缺少的食物。相较于北方粽子来说，南方粽子的馅料丰富，主料有鲜肉、腊肉、火腿、蛋黄等，辅料有虾米、香菇、板栗等，肉粽居多，因此可以作为一日三餐来吃，如果换成北方的甜粽，一天吃三次，吃不到几天就该腻了。

咸粽在南方人的日常生活中有着不可替代的位置。它是幼时上学路上在早点铺上匆匆忙忙之间带走的一缕晨曦，也是成年后晚上下班之后餐桌上给胃部最简单的慰藉。

对北方人而言，粽子基本上只是端午节这一天的贵宾，其他日子里的过客。粽子一般是用糯米裹上红枣、花生、莲子等制成，一口咬下去，满满的香甜。现代的中老年人可能因为粽子糖分过高，已经很少食用了，但在他们心中，也一定记得用芦苇叶裹着的粽子给他们的童年带来的欢愉。